조약돌
빛 속에 새롭다

조약돌 빛 속에 새롭다

초판 1쇄 인쇄일 2021년 3월 25일
초판 1쇄 발행일 2021년 3월 29일

편   저 이이섭
펴낸이 양옥매
디자인 임흥순 임진형
교   정 조준경

펴낸곳 도서출판 책과나무
출판등록 제2012-000376
주소 서울특별시 마포구 방울내로 79 이노빌딩 302호
대표전화 02.372.1537 팩스 02.372.1538
이메일 booknamu2007@naver.com
홈페이지 www.booknamu.com
ISBN 979-11-5776-509-6(03230)

※ 본문 전각 작품: 吾溪(오계) 朴斗遠(박두원)의 작품입니다.

조약돌 빛 속에 새롭다

이이섭 편저

책과나무

너는 센 머리 앞에서 일어서고 노인의 얼굴을 공경하며 네 하나
님을 경외하라. 나는 여호와니라(레위기 19:32)." 옛 성현은 나이
육십이면 귀가 순해진다고 했습니다. 평생의 배움을 하나님의 말
씀과 어우러지게 할 수 있는 것은 이렇듯 저자의 삶이 맺은 열매
일 것입니다. 이 열매를 통해 하나님의 말씀을 다시 되새기게 되
며, 또한 그 말씀이 멀리 있지 않음을 깨닫게 됩니다. 아울러 짧
은 호흡으로 읽을 수 있어, 읽는 이들의 생각을 열어 주는 애피타
이저 같은 책이라 바쁜 현대인들에게 일독뿐 아니라 다독을 권합
니다.

_ 목양교회 담임목사 김용수

　지혜는 삶을 성찰하게 만들며, '어떻게 살아야 하는가'를 교훈
한다. 지혜로운 사람은 결코 교만하지 않으며, 무례하지 않다.
'인생이란 무엇인가'를 알기 때문이다. 이 책은 선현들이 오래도

록 체득한 삶의 지혜와 성경의 참된 지혜를 가득 담고 있다. 보물 같은 지혜가 짧은 이야기식 글로 구성되었다. 이 책을 읽는 독자라면 누구나 지혜와 지혜를 사랑하는 저자의 마음을 발견할 것이다. 모든 독자에게 적극 읽어 볼 것을 강력히 추천한다.

_ 목사/California University of Missions 성서신학 교수 한민수

스마트 시대에 똑똑한 사람보다는 따뜻한 사람이 더 그립다. 따뜻한 사람은 따뜻한 말을 하고 따뜻한 말은 따뜻한 마음에서 나온다. 마음을 따뜻하게 덥혀 줄 이야기들이 이 책에 담겼다. 이 책을 곁에 두고 천천히 읽어서 따뜻함으로 마음을 채우기 바란다.

_ 의정부 평안교회 담임목사 박정수

어린 시절 성경 속 사건이나 탈무드에 나오는 이야기를 읽으며 시간 가는 줄 몰랐던 우리의 모습으로 돌아가게 한다. 초등학교 시절 사자성어를 만화로 표현해 놓아 정말 재미있게 읽었던 기억이 있다. 이 책은 만화가 들어가 있지는 않지만 넘길 때마다 마치 그림 한 컷을 보듯 우리를 몰입시킨다. 더불어 말씀의 통찰까지! 이 책은 나 자신이 풍성해짐과 더불어 내가 사랑하는 주변 사람들에게 하나님의 말씀을 전할 때도 유익하겠다.

_ 나라가 임하는 교회 담임목사 김종세

____ 조약돌 빛 속에 새롭다

1984년 요한 바오로 2세 교황이 내한(來韓)했을 때 제1성은 예수님 말씀이 아니라 "멀리서 친구가 찾아오니 기쁘지 아니하냐?"라는 공자의 말씀이었습니다. 이어서 퇴계와 율곡 선생의 말씀을 인용한 연후(然後)에 비로소 예수님의 이야기를 꺼냈습니다. 이 짧은 한마디에 나의 사춘기적 모든 갈등의 사슬이 일시에 풀림을 느낀 적이 있었습니다. 예수님이 이 땅에 오심은 우리의 삶을 징벌하거나 부정하기 위함이 아니었으므로 우리와 똑같은 인간의 모습으로 오셨습니다. 상대방이 내가 원하는 쪽으로 다가오기를 요구하기에 앞서, 내가 먼저 상대와 같아져야 한다는 교훈을 줍니다. 가까이에서 바라본 필자는 기독교 신앙을 가진 크리스천으로서 동시에 한문학을 전공한 사람입니다. 역사적 · 지리적 · 문화적으로 겉모습만 보면 그의 신앙과 학문 사이에는 용납되지 않는 부분이 있었겠고, 이에 따른 갈등도 없지 않았으리라 생각됩니다. 하지만 본질에 다가갈수록 동서의 다름보다는 공통점을 발견하였을 것으로 생각합니다. 그래서 그는 양립할 수 없어 보이는 것을 양립시켜 자신의 학문 생활을 즐거운 마음으로 하며, 은혜로운 신앙생활을 모순 없이 잘하고 있다고 보입니다. 이런 그의 삶의 맥락 속에서 그의 마음을 사로잡은 동서의 명언 · 명구는 언제 어디서나 공감할 수 있는 것들이고, 금광석에서 순금덩어리만 추출해 놓은 것처럼 더욱 빛나 보이기만 합니다.

_동료 교사 이정한

교단에서 한문을 지도하고 독실한 기독교인으로 신앙생활을 하면서 친우(親友)가 열정으로 발췌한 선인들의 삶의 지혜가 담긴 글과 성경 말씀이 독자들에게 인생의 나침판과 신호등으로 전해질 것으로 기대됩니다.

_ 붕우(朋友) 장진건

코로나19로 많은 사람이 고통받고 있는 시기에 이 책은 잔잔한 감동과 삶의 지혜를 가져다준다. 조약돌은 단순한 돌이 아니라 모진 풍파를 겪고 탄생한 값진 보석이다. 작가는 이런 보석 같은 좋은 글을 성경 구절에 조명하여 우리의 가는 길을 비추어 주고자 한다. 성현들의 말씀은 '나루를 찾아 헤매다가 보배로운 뗏목을 만나는 것(迷津寶筏 미진보벌)'처럼 삶에 보배가 되고 지침이 된다. 자작시 또한 작가의 소박한 정서가 담겨 있어 멋지다. 저자는 한학을 배우고 평생 제자들을 가르쳤으며, 종교적 신념을 가지고 실천하는 삶을 살아왔다. 이 책은 바쁘고 지친 우리에게 힐링이 되고, 삶을 돌아보는 여유를 갖게 한다.

_ 붕우(朋友) 허웅무

다양성을 강조하다 보니 배려보다는 개성이 강한 요즘, 이 글을 통하여 선인들의 언행에서 삶의 지혜를 배우고 자신을 성찰해 보는 좋은 계기가 될 것 같다. 더구나 성경 말씀과 연결해서

____ 조약돌 빛 속에 새롭다

더불어 사는 삶의 깊이를 더하며 겸손과 감사함을 느낀다면 이보다 더 좋은 것은 없으리.

_ 붕우(朋友) 강한식

　선인들의 지혜와 감흥이 담긴 글들에서 하나님의 말씀과 일맥상통하는 점을 잘 짚어 내 독자에게 전하고 있다. '내 마음으로 읊조린 노랫말'에 실은 자작시를 읽어 보면 예수님에 대한 저자의 지극한 사랑을 느낄 수 있을 뿐만 아니라 풍부한 감성과 따뜻한 마음씨를 엿볼 수 있다. 이른 봄 노랗게 피어나는 산수유 꽃떨기 하나하나에서 저자는 그동안 살아오면서 인연을 맺었던 사람들을 떠올리며 모두에게 감사와 은혜를 생각한다. 이 얼마나 아름다운 마음인가. 삶이 고단하고 세상이 야박하다고만 느낄 때 이 책을 들춰 보길 권한다.

_ 동료 교사 정귀배

　하늘이 내린 비는 샘물로 솟아 목마른 생명들이 마시게 한다. 곁에서 바라보았을 때, 편저자는 항시 그 생명수의 근원은 어디일까, 어떻게 하면 그 물을 마실 수 있고 또 많은 이들과 나눌 수 있을까를 고민해 온 분이다. 이 책은 하늘의 섭리로 땅에 고인 고전의 지혜를 한학을 전공한 힘으로 퍼 올려서 학생들을 지도하였고 그 현장을 우리에게도 아낌없이 나눠 주려는 큰 노력의 산물이다.

_ 동료 교사 권용태

따뜻한 봄바람처럼, 때로는 시원한 가을바람처럼 마음속에 잔잔한 기쁨과 감동을 간직하고 싶습니다. 선인들의 지혜를 담고 있는 명언과 고상한 일화, 순수한 마음을 담고 있는 한시와 유명한 문장을 대하면 마음에 잔잔한 감동이 밀려옵니다.

비단 위에 꽃을 더하듯 진리의 말씀인 성경 말씀으로 비추어 보면 더욱 큰 기쁨과 감동이 우리를 사로잡습니다. 지나간 선인들의 사상과 감정을 함께 나누는 것은 옛것을 잃어버린 오늘을 사는 우리들에게 삶을 돌아보는 좋은 시간이 됩니다.

평소에 함께 나누고 싶은 좋은 글이라서 전하고 싶은 마음이 간절했습니다. 아울러 독자들이 학창 시절에 들어 보지 못한 이야기와 글을 읽고 묵상하면서 마음의 위로와 평안, 삶의 지혜와 기쁨이 가슴속에 가득 채워졌으면 좋겠습니다.

이런 마음으로 글을 한 편 한 편 모으게 되었고, 교단에서 후학들을 가르치며 곁에 두고 읽었으면 하는 마음으로 집필을 하게 되었으며, 또한 많은 분들이 선인들의 사상과 감정이 오늘을 사는 우리들에게 공감을 불러일으킬 것이라는 확신을 가지고 용기를 내어 보았습니다.

책을 빛내 주기 위해 추천의 글을 보내 주신 존경하는 목사님들과 붕우(朋友)들 그리고 동료 교사분들께 깊은 감사를 드립니다. 아울러 수묵담채화(水墨淡彩畵) 이미지를 붕우(朋友) 벽파(碧波) 허용무 님이, 전각작품(篆刻作品) 이미지를 붕우 오계(吾溪) 박두원 님이 보내 주었는데, 두 벗님의 깊은 우정에 고마움을 드립니다.

이 책이 나오기까지 모든 영감과 능력을 주신 분이신 하나님께 영광과 깊은 감사를 올려드립니다. 또한 옆에서 격려해준 사랑하는 가족에게 고마움을 전합니다.

2021년 3월

이이섭

2부 / 맛깔 나는 구절

3부 / 깊이와 품격이 있는 글

6부 / 창조주의 위대한 손길

부록

마음을 지키는 것이 생명을 지키는 것임을 성경은 말씀하고 계신다. 이처럼 마음을 다스리는 것은 그 무엇보다도 중요하다. 예나 지금이나 사람들은 마음을 다스리기 위해 부단히 애를 써 왔고 쓰고 있다. 힘든 상황에 있는 사람에게 우리는 "모든 것이 마음먹기에 달려 있다."라며 마음을 다스릴 것을 권하곤 한다. 하루에 우리의 마음은 끝없이 요동친다. 마음을 잘 지키며 사는 것이 생명을 유지하는 귀한 길임을 항상 염두에 두고 살아야겠다.

자신을 돌아보고 자신의 허물을 살피는 일은 평생 살아가면서 끊임없이 해야 할 일이다. 자신이 서 있다고 생각하면 넘어지는 것이 허물 많은 우리네 인생이다. 항상 자신을 돌아보아, 자신이 이기심(利己心)으로 가득 차 있는지 살펴야 한다. 날이 갈수록 새로워지는 [일신(日新) 우일신(又日新)] 삶을 살기 위해서는 자신을 날마다 살피는 일을 게을리해서는 안 되겠다.

1부

슬기로운
이야기

소를 한 마리
보내 주었다

—

　정탁(鄭琢)은 남명(南冥) 조식(曹植) 선생님을 스승으로 섬겼다. 하루는 남명 선생이 소를 한 마리 보내 주었는데 그 뜻을 몰랐다. 남명 선생이 웃으며 말하기를 "내가 그대를 보니 말씨가 너무나 빨라 천천히 둔하게 하는 것보다 못하다. 조금 느릿느릿해야 먼 데까지 도달할 수 있는 것이니 내가 소를 보내 준 것도 대개 이런 까닭이다."라고 했다.

　'빨리빨리 문화'에 우리는 익숙해져 있다. 세상일을 빨리빨리 처리해야 할 때도 많지만, 때로는 천천히 느림보로 나아가야 할 때도 많다. 자동차의 액셀만 밟는다고 해서 목표 지점까지 갈 수 없다. 수없이 브레이크를 밟아야만 목적지에 안전하게 도달할 수 있다. 우리의 인생도 때로는 느릿느릿 가야 할 때가 많다. 양보 운전을 하여 느리게 속도를 늦추어 주어야 전

체적인 교통의 흐름이 좋아질 때도 있다. 느린 걸음이 때로는
우리 인생에 필요하다.

우리가 말들의 입에 재갈 물리는 것은 우리에게 순종하게 하
려고 그 온몸을 제어하는 것이라. 「야고보서」

방울 소리를 들으면서
자신을 살피다

―

이상의(李尚毅)가 어릴 때, 성품이 심히 경솔(輕率)하여 앉아 있을 때도 오래 앉아 있지 못해 이리저리 돌아다녔다. 말을 할 때도 망령된 말을 하기 일쑤였다. 부모가 이것을 걱정하여 자주 책망(責望)을 하게 되었다. 이상의는 자그마한 방울을 차고 매번 방울 소리를 들을 때마다 매섭게 스스로를 경계(警戒)하여 조금씩 자신의 품성을 좋게 닦아 나갔다. 결국 중년이 되어서 혼연(渾然)히 흠 없는 훌륭한 인격의 소유자가 되었다.

자신을 바라볼 수 있는 것으로 거울이 있다. 거울을 통해서 우리는 우리들의 아름다움과 추함을 볼 수 있다. 거울은 우리의 모습을 눈으로 보게 한다면, 여기서 방울은 귀로 듣게 한다. 거울과 방울, 나 자신을 볼 수 있게 해 주는 값진 것으로 간직할 만하다.

훈계를 저버리는 자에게는 궁핍(窮乏)과 수욕(羞辱)이 이르거
니와 경계(警戒)를 받는 자는 존영(尊榮)을 받느니라. 「잠언」

내가 잃은 것은
적다(吾所失小)

하잠(河潛)은 어린 시절 학당에서 한 아이와 서로 다투었다. 그러던 중 이 아이가 하잠의 신발을 빼앗아 찢어서 멀리 던져 버렸다. 그런데도 하잠은 성내는 기색도 없이 사람들이 물으면 말하기를 "이런 일은 없었던 일이다."라고 했다.

훗날에 하잠이 높은 관직에 올랐는데, 어떤 사람이 그의 말안장을 훔쳐 갔다. 따르는 마부(馬夫)가 물건을 훔쳐 갔을 것으로 의심되는 사람을 밝히고자 요청했으나, 하잠은 응하지 않고 말하기를 "내가 잃은 것은 적고 그자가 지은 죄악은 크니 다시는 밝히려고 하지 마라."라고 했다.

훔친 자가 이 말을 듣고서 남모르게 그 안장을 제자리에 갖다 놓았다.

미움은 다툼을 일으켜도 사랑은 모든 허물을 가리느니라. 「잠언」

나는 차마
할 수 없어요(吾不忍爲)

—

진평왕 때 밤나무 고을에 설씨(薛氏) 처녀가 살았다.

그녀의 아버지는 변방을 지키는 일을 감당해야만 했다. 아버지가 나이가 많고 노쇠하여 병이 들자, 설씨 처녀는 이것을 무척 걱정하였다. 그러던 차에 사량(沙梁)이라는 이웃 동네에 가실(嘉實)이라는 청년이 처녀의 아버지를 대신해서 일을 하겠다고 나섰다. 아버지는 고마워서 딸과 혼인을 약속하고, 두 사람에게 거울로써 짝을 만들어 나누어 가지게 하고 약속의 징표로 삼았다.

국가 간의 싸움은 치열하여, 가실(嘉實)이 변방을 지킨 지 어느덧 6년의 세월이 흘렀다. 이에 설씨(薛氏) 처녀의 아버지가 딸에게 "처음 가실(嘉實)은 3년을 기약하였는데 이미 그 날짜가 넘은 지금도 돌아오지 않으니, 다른 사람에게 시집가야 되겠다."라고 하니, 설씨(薛氏) 처녀는 "약속을 버리고 거짓말을 하

_____ 조약돌 빛 속에 새롭다

는 것은 내가 차마 할 수 없는 일입니다."라고 대답했다.

얼마 되지 않아 가실(嘉實)이 때마침 찾아와 두 사람은 거울로써 짝을 맞추고 부부가 되어 잘 살았다.

주의 약속은 어떤 이들이 더디다고 생각하는 것같이 더딘 것이 아니라 오직 주께서는 너희를 대하여 오래 참으사 아무도 멸망하지 아니하고 다 회개하기에 이르기를 원하시느니라.

_「베드로후서」

마음은 본래
고요한 것

—

여헌(旅軒) 장현광 선생은 젊을 때 호방(豪放)하였다. 일찍이 사모하는 곳이 있어서 어둠에 이르러 그 집을 방문했다. 문은 이미 닫혀 있어 문 밖을 거닐었다. 맑은 연못이 거울 같고, 가을 달이 밝게 비치는 가운데, 숲의 그림자가 이리저리 들쭉날쭉하여 연못의 수면을 흩어지게 하고 수면을 가리게 되었다. 이런 전경을 바라보고서 탄식하여 말하기를 "사람의 타고난 마음은 본래 고요한 것이거늘 물욕이 흩어 어지럽게 하여 저렇게 되었다."라며 마음에 품었던 생각을 끊고 돌아갔다.

오직 각 사람이 시험을 받는 것은 자기 욕심에 끌려 미혹됨이니 욕심이 잉태한즉 죄를 낳고 죄가 장성한즉 사망을 낳느니라. 「야고보서」

세 사람의 믿음과 의리가
높임을 받을 만하다

—

신라 진흥왕 때, 현달한 두 관리가 같은 마을에 살았다. 같은 해 같은 시간에 한 사람은 아들을 낳아 이름을 백운(白雲)이라 하고, 다른 한 사람은 딸을 낳아 제후(際厚)라 했다. 두 집안에서는 장차 혼인을 기약했다. 백운은 14세에 국선(國仙: 화랑)이 되었다가 15세에 눈이 멀어 앞이 안 보이게 되니, 제후의 부모들은 무진(茂榛: 지금의 광주) 고을 태수(太守) 이교평(李佼平)이라는 사람에게 혼인을 시키려 했다.

제후는 장차 무진으로 길을 떠날 즈음에 백운에게 속삭이며 "저는 그대와 함께 같은 시간에 태어나서 부부가 되기로 약속한 것이 오래되었다. 지금 부모님께서 옛날의 약속을 고쳐 새로운 혼인을 도모하려 하니, 만약 부모의 명령을 어기면 불효(不孝)가 되므로 무진으로 시집을 가면 죽고 사는 것이 어찌 나에게 있지 않겠는가? (죽을 수도 있고 살 수도 있다) 그대가 신의(信義)를 가지고 있다면, 바라건대 나를 무진으로 찾아주세요."라고 했다. 두 사람은 서로 믿고 맹세하고서 이별했다.

제후는 무진으로 가서 이교평에게 일러 말하기를 "혼인은 사람이 살아가는 길의 시작이니 길일(吉日)을 택하여 예(禮)를 올리지 않을 수 없다."라고 하자, 이교평이 그녀의 말을 따랐다. 백운은 이어 무진으로 제후를 찾아가니, 제후는 백운을 따라 나섰다. 드디어 두 사람은 함께 산골짜기로 몰래 달아나게 되었는데, 갑자기 도중에서 산적을 만나게 되었다. 산적은 백운을 위협하여 제후를 훔쳐서 달아났다.

　화랑의 무리 중에 김천(金闡)이라는 사람이 있었는데 백운과 함께 수련을 쌓은 사람으로, 용기와 힘이 남보다 뛰어났고 말 타기와 활쏘기를 잘했다. 김천은 백운의 어려운 사정을 알고서, 산적을 추격하여 그를 죽이고 제후를 찾아 돌아왔다. 이 일에 대한 소문이 왕에게 알려지자 왕은 "세 사람의 믿음과 의리가 높임을 받을 만하다." 하고 모두에게 벼슬을 일 등급씩 내려 주었다. _「삼국사절요(三國史節要)」

　남녀 간의 신의(信義)와 동지(同志) 간의 의리(義理)가 시대를 초월하여 아름답게 전해져 온다.

　믿음이 없이는 하나님을 기쁘시게 하지 못하나니 하나님께 나아가는 자는 반드시 그가 계신 것과 또한 그가 자기를 찾는 자들에게 상 주시는 이심을 믿어야 할지니라. _「히브리서」

부지런하고 검소함은
비옥한 토지보다 낫다

—

나는 농장을 너희에게 남겨 줄 수 있을 만한 벼슬은 하지 않았지만, 확실히 믿을만한 두 글자가 있어 삶을 넉넉히 하고 가난을 구제할 수 있기에 이제 너희들에게 주노니 너희는 소홀히 여기지 마라. 한 글자는 '부지런할 근(勤)'이요 또 한 글자는 '검소할 검(儉)'이다. 이 두 글자는 좋은 전답이나 비옥한 토지보다도 나은 것이니 일생 동안 써도 다하지 않을 것이다.

다산(茶山) 정약용 선생이 유배 시절 두 아들 학연과 학유에게 전하고 싶은 삶의 가치를 수록한 작은 서첩인 『하피첩(霞帔帖)』에 적은 글이다. 전남 강진에 유배하던 시절 부인 홍씨가 보내온 치마를 잘라 만든 작은 서첩이 『하피첩』이다. 아내를 사랑하며, 아들들을 사랑하고 아들들이 잘 살아 나가기를 바라며 또한 아들들이 어머니를 생각해 주기를 바라면서 아내의

치마에 글을 쓰고, 삶의 교훈을 아들들에게 당부한 아버지의
지극한 마음이 가슴속으로 밀려온다.

　또 아비들아 너희 자녀를 노엽게 하지 말고 오직 주의 교훈
과 훈계로 양육하라. _「에베소서」

차마 주지 않으면
안 된다(不忍與之)

—

　이항복(李恒福)은 열두세 살 어린 나이에 물질로 남을 구제하
는 의로운 마음씨를 가지고 있었다. 어느 날 새 옷을 입고 밖
에 나갔는데 이웃 아이가 갖고 싶어 했다. 이항복은 곧 벗어
주었다. 이런 일이 있기 전에도 신발을 남에게 벗어 주고 맨발
로 집으로 돌아온 적이 있었다. 그의 어머니는 화를 내며 나무
라자 이항복은 말하기를 "남들이 갖고 싶어 하는 것이 있으면
차마 주지 않으면 안 된다."라고 했다.

　네게 구하는 자에게 주며 네게 꾸고자 하는 자에게 거절하지
말라. 「마태복음」

남이 모르게
베푸는 덕이 크다

–

　고려 초기에 서신일(徐神逸)이라는 사람이 서울 교외에 살았
다. 어느 날 사슴 한 마리가 화살을 맞고 달아나다가 자신의
품 안으로 들어왔다. 신일(神逸)은 그 화살을 뽑고 사슴을 숨겨
주었는데, 이어서 사냥꾼이 이르러 사슴을 찾지 못하고 돌아
갔다.

　그날 밤 꿈에 한 신령한 사람이 나타나 사례하며 말하기를
"사슴은 나의 아들이었는데 그대의 도움을 받아 죽지 않게 되
었으니 마땅히 그대의 자손들로 하여금 대를 이어 재상이 되게
하겠다."라고 했다.

　신일의 나이 여든에 아들을 낳았다. 이름은 필(弼)이라고 했
다. 필은 희(熙)를 낳았고, 희는 눌(訥)을 낳았는데, 과연 서로
계속해서 대사내사령(大師內司令)이라는 관직에 올랐다. 이들은
종묘(宗廟)에 공신(功臣)을 모시는 사당에 배향(配享)되었다.

한편 고려 말에 박세통(朴世通)이라는 사람은 바다가 있는 고을의 현령이었다. 하루는 거북이와 같은 큰 물고기가 있었는데 조수(潮水)를 타고 갯벌로 들어와서는 조수가 빠져 버리자, 그만 바다로 돌아가지 못하고 말았다. 사람들이 장차 죽이려고 하자, 박세통(朴世通)이 말렸다. 반면에 큰 새끼를 꼬아, 두 척의 배에 묶어 끌고 바다 가운데 가서 풀어 주었다.

꿈에 늙은 노부(老父)가 나타나 절하며 말하기를 "나의 아이가 택일(擇日: 날을 잡는 것)을 잘못하여 밖에 나가 놀다가 사람들의 손에 잡혀, 솥에 삶겨 거의 죽을 뻔하였는데, 그대가 다행히 살려 주었으니 음덕(陰德: 남모르게 베푸는 덕)이 큽니다. 그대와 그대의 자손은 반드시 삼 대(代)에 재상이 될 것입니다."라고 했다.

세통과 아들 홍무(洪茂)는 함께 안정된 높은 벼슬자리에 올랐고, 손자 감(瑊)은 상장군(上將軍)이 되었다. _「역옹패설(櫟翁稗說)」

두 사람의 이야기는 덕이 넘쳐서 동물에게까지 미치게 되었다. 남모르게 베푸는 음덕이 참으로 귀한 덕이다. 또한 생명을 아끼는 어진 마음이 감동을 전해 준다.

너는 구제할 때에 오른손이 하는 것을 왼손이 모르게 하여 네 구제함을 은밀하게 하라. 은밀한 중에 보시는 너의 아버지께서 갚으시리라. _「마태복음」

많은 사람을
사랑하는 마음으로

–

홍서봉(洪瑞鳳)의 어머니는 집이 매우 가난하여 보리밥과 나물국도 많이 거를 때가 많았다.

하루는 노비를 보내어 고기를 사 오게 하여 고기 색깔을 보니 독이 있는 것 같았다. 노비에게 "파는 고기가 얼마쯤 있더냐?" 하고 질문한 후, 비녀를 팔아 돈을 마련하여 그 고기를 다 사 오게 하여, 담장 아래에 묻게 했다. 다른 사람들이 그 고기를 사서 먹고 병을 일으킬까 두려워했기 때문이었다.

널리 남을 사랑하는 마음이 박애(博愛)다. 홍서봉의 어머니의 마음이 참으로 아름답다.

둘째는 이것이니 네 이웃을 네 자신과 같이 사랑하라 하신 것이라. 이보다 더 큰 계명이 없느니라. 「마가복음」

[화제(畵題) 풀이]

手培蘭蕙兩三栽(수배난혜양삼재) 손수 난초 두세 뿌리 심었더니
日暖風和次第開(일난풍화차제개) 따뜻한 햇볕 온화한 바람에 차
례로 피는구나
坐久不知香在室(좌구부지향재실) 방 안에 향기를 알지 못하고
오래 앉아 있었는데
推窓時有蝶飛來(추창시유접비래) 창을 여니 (향기 따라) 나비가
날아오네
_ 庚寅春(경인춘: 경인년 봄날) 碧波(벽파)

중국 원(元)나라 여동록(余同麓)의 「영란(詠蘭)」이라는 시(詩)다.
방 안에 난향(蘭香)을 알지 못하고 오래 앉아 있다가 창을 여니
나비가 날아온다는 3구와 4구의 노랫말 속에 "복숭아꽃과 자
두꽃은 말하지 않아도 그 아래에 저절로 길이 만들어진다(桃李
不言 下自成蹊 도리불언 하자성혜)."라는 구절이 생각난다. 덕 있는
사람 밑에는 사람들이 저절로 모여든다는 말이다.

우리 각 사람이 이웃을 기쁘게 하되 선을 이루고 덕을 세우
도록 할지니라. 「로마서」

내 마음에
다진 약속

—

　중국 오(吳)나라에 계찰(季札)이라는 사람이 상국(上國)으로 사신을 가는 도중에 서국(徐國)을 지나는데, 그 나라의 임금이 계찰의 칼을 보고서 갖고 싶어 했다. 계찰은 마음속으로 주겠다고 생각하였다. 임무를 마치고 돌아가는 길에 서국에 들르니 그 나라의 임금이 이미 죽었으므로 그는 칼을 무덤 옆의 나무에 걸어 놓고 갔다.

　내 마음에 다진 나와의 약속을 지킨다는 것이 참으로 격조 높고 아름답다.

　누구든지 스스로 경건하다 생각하며 자기 혀를 재갈 먹이지 아니하고 자기 마음을 속이면 이 사람의 경건은 헛것이라.

「야고보서」

맹자 어머니는 베틀에 앉아서
짜던 베를 자르고

–

맹자(孟子)가 젊었을 때, 집을 떠나 스승 밑에서 배우다가 집이 그리워 돌아왔다.

이때, 맹자 어머니는 바야흐로 베를 짜고 있었는데 맹자를 맞이하며 "학문이 어느 정도 이르렀느냐?" 질문했는데 맹자가 대답하기를 "별로 나아진 것이 없습니다. 집을 나갈 때와 마찬가지입니다."라고 했다. 그러자 맹자 어머니는 베를 짜는 데에 사용하던 칼을 들고 짜던 베를 잘라 버렸다. 놀란 맹자가 두려워서 묻자, 맹자 어머니는 대답하기를 "네가 배움을 그만두는 것은 내가 이 베를 자르는 것과 같다."라고 했다.

맹자는 이 일 이후로 학문에 대한 두려운 마음을 가지고 아침저녁으로 부지런히 배우면서 쉬지 않고, 공자의 손자였던 자사(子思)의 문인에게 나아가 마침내는 천하의 유명한 학자가 되었다.

_____ 조약돌 빛 속에 새롭다

군자(君子)들은 말하기를 "맹자 어머니는 사람의 어머니가 되는 길을 알았다."라고 한다.

훌륭한 자녀 뒤에는 훌륭한 어머니가 계신다고 사람들은 말한다. 어머니의 길이 무겁고 자녀의 길이 또한 두렵다.

자기의 집안일을 보살피고 게을리 얻은 양식을 먹지 아니하나니 그의 자식들은 일어나 감사하며 그의 남편은 칭찬하기를 덕행 있는 여자가 많으나 그대는 모든 여자보다 뛰어나다 하느니라. 고운 것도 거짓되고 아름다운 것도 헛되나 오직 여호와를 경외하는 여자는 칭찬을 받을 것이라. 그 손의 열매가 그에게로 돌아갈 것이요 그 행한 일로 말미암아 성문에서 칭찬을 받으리라. 「잠언」

퇴계 선생의
배움의 자세

—

퇴계 선생은 학자(學者)들과 더불어 강론(講論)할 때, 의심나는 곳에 이르면 자기의 의견을 주장하지 않고, 반드시 여러 사람들의 의논을 널리 모았다. 그런 중에 비록 학문이 얕은 사람의 말이라도 유의(留意)하면서, 그 말을 귀담아듣고, 선입견을 갖지 않고 이치(理致)를 알아냈다. 뒤집어 생각해 보기도 하며 반복해서 참고(參考)하고, 올바른 이치에 귀결(歸結)시킨 후에 끝냈다. 「퇴계전서(退溪全書)」

퇴계 선생은 누가 질문을 하면 아무리 쉽고 가벼운 말이라도 반드시 잠깐 생각하신 다음 대답했다. 묻자마자 대답한 적이 없었다고 전해온다. 배우는 사람의 자세는 남의 의견에 귀를 기울여야 하며, 자신의 주장이 참으로 올바른 이치에 귀결되는지 겸손히 돌아보아야 한다.

___ 조약돌 빛 속에 새롭다

믿음이 연약한 자를 너희가 받되 그의 의견을 비판하지 말라.

_「로마서」

율곡 이이(李珥) 선생의
독서법

—

    무릇 책을 읽는 사람은 반드시 단정히 팔짱을 끼고 똑바로 앉아 책을 공경하는 마음으로 대(對)하여, 마음을 한곳으로 모아 책의 뜻을 다 밝혀내야 한다. 고요히 사색하며 책 속에 깊이 빠져 들어가, 뜻을 깊이 풀어내고, 책의 내용에 맞는 삶의 실천 방법을 찾아내야 한다. 만약에 입으로만 읽고 마음으로 체득하지 못하고, 몸으로 실행하지 못하면, 책은 책대로, 나는 나대로가 되니 무슨 유익이 있겠는가? 「격몽요결(擊蒙要訣)」

    책을 읽는 사람이 바른 자세와 공경하는 마음으로 책을 대한다는 것은, 먼저 마음의 준비가 되어 있다는 뜻이다. 마음을 오로지 한곳으로 모아 책을 읽지 않으면, 잡념에 사로잡히게 된다. 책을 읽는 사람은, 마치 헤엄치는 사람이 물에 푹 잠겨 물에서 노닐 듯이 책의 내용 속에 푹 빠져서 깊은 뜻을 풀어

       _____ 조약돌 빛 속에 새롭다

내야 한다. 한갓 허황된 이론에만 빠져서는 안 되며, 실생활에
알맞은 방도를 찾아내야 한다.

  예수께서 이르시되 너희가 성경도 하나님의 능력도 알지 못
하므로 오해함이 아니냐. _「마가복음」

어머니의 힘이 다한 것을
생각하여 웁니다

—

어느 날 백유(伯兪)가 잘못을 하자, 그의 어머니는 백유에게 매를 들었는데 울기 시작했다. 그의 어머니는 의아하게 생각하며 백유에게 물었다. "다른 날 매를 들었을 때는 여태껏 울어 본 적이 없던 네가 오늘은 왜 우는가?" 하니 백유가 대답하며 말하기를 "제가 잘못을 하여 매를 맞을 때, 사실은 항상 아팠지만 울음을 참았던 것입니다. 하지만 오늘은 매를 맞고도 어머니의 힘이 다하여 저를 아프게 하지 않으니 이것이 저를 눈물 나게 합니다."라고 했다. _「설원(說苑)」

옛 사람의 시에 "하루의 봉양은 삼공(三公)의 부귀(富貴)와 바꿀 바가 아니다."라고 했다. 부모님이 살아 계실 때 하루하루의 봉양이 얼마나 값진 것인가를 생각하게 한다.

자녀들아 너희 부모를 주 안에서 순종하라 이것이 옳으니라.

「에베소서」

* 백유: 중국 전한(前漢) 시대 양(梁)나라 사람

의좋은 형제

–

고려 공민왕 때에 백성 가운데 형제가 살았다. 어느 날 함께 길을 가다가 아우가 황금 두 덩어리를 얻게 되어 그중에 한 덩어리를 형에게 주었다.

공암진(孔巖津)이라는 나루터에 이르러 함께 배를 타고 물을 건너가게 되었는데, 아우가 갑자기 가지고 있던 금덩어리를 물에 던져 버렸다. 형이 이상하게 여겨 물어보게 되었다. 아우가 대답하기를 "내가 평소에 형을 사랑한 것이 두터웠는데 지금에 와서 금덩어리를 나누고 나니 문득 형을 멀리하고자 하는 마음이 생겨났다. 이 금덩어리가 바로 좋지 못한 물건이니 이것을 강물에 던져서 금덩어리에 대한 생각을 지워 버리는 것이 낫겠다."라고 하니 형도 말하기를 "너의 말이 참으로 옳다." 하고 또한 금덩어리를 물속에 던져 버렸다.

당시에 배를 타고 있던 사람들이 이 형제의 이름과 사는 마

_____조약돌 빛 속에 새롭다

을을 물어보지 않아서 오늘날까지 전해지지 않아 참으로 애석하다고 『신증동국여지승람(新增東國輿地勝覽)』이라는 책에서 전하고 있다.

형제간에 서로를 아끼는 마음이 금보다 단단하다[형제우애 강어금(兄弟友愛 剛於金)].

사랑에는 거짓이 없나니 악을 미워하고 선에 속하라.
형제를 사랑하여 서로 우애하고 존경하기를 서로 먼저 하며
부지런하여 게으르지 말고 열심을 품고 주를 섬기라.
소망 중에 즐거워하며 환난 중에 참으며 기도에 항상 힘쓰며
성도들의 쓸 것을 공급하며 손 대접하기를 힘쓰라. 「로마서」

묵은 법(法)으로 새 시대를 다스린다면
어찌 어렵지 않으랴

—

중국 진(秦)나라의 진시황제의 아버지로 일컬어지는 여불위 (呂不韋)가 지은 『여씨춘추(呂氏春秋)』라는 책에 다음과 같은 이야기가 나온다.

초(楚)나라 사람 중에 강을 건너는 사람이 있었는데, 그만 가지고 있던 칼을 물에 떨어뜨리고 말았다. 그런데도 칼을 즉시 찾을 생각은 하지 않고, 갑자기 칼을 떨어뜨린 곳에 금을 그어 표시를 하면서 말하기를 "이곳이 나의 칼이 떨어진 곳이야." 하면서 그냥 그곳을 지나갔다. 그리고 배가 한참 지나쳐 배가 멈춘 후에야 표시를 해 두었던 곳을 따라 물속에 들어가 칼을 구하려고 했다.

배는 이미 지나갔는데 칼을 찾는 것이 이와 같았으니 어찌 헷갈리지 않는가? 지나간 묵은 법으로 나라를 다스리는 것도 이와 같다. 시대는 이미 바뀌어 옮겨졌건만 묵은 법을 적용하여 나라를 통치하려고 하면 어찌 어렵지 않겠는가?

모름지기 나라를 다스리고자 하는 자는 이 이야기를 마음에 새겨 둘 일이다. 나라만이 아니라 모든 분야에서 법을 적용하는 자는 시대 상황에 맞는 법을 만들어야 할 것이며, 묵은 법을 버리는 지혜를 얻어야 하리.

새 포도주를 낡은 가죽 부대에 넣지 아니하나니 그렇게 하면 부대가 터져 포도주도 쏟아지고 부대도 버리게 됨이라. 새 포도주는 새 부대에 넣어야 둘이 다 보전되느니라. 「마태복음」

굽은 자를 가지고 직선을 그을 수 없다. 세상을 바르게 하고자 하는 사람은 자신을 바르게 해야 한다. 자신을 성찰하고 수양하여 바른 몸가짐을 가져야 한다. 선인들이 남겨 준 지혜가 담긴 짧은 구절의 말씀들을 간직하면서 바른 몸가짐을 가져 보고 나를 바로 세워 보자. 그리하여 사회에 좋은 영향력을 줄 수 있도록 힘써야겠다. 자신을 살펴서 마음을 닦고 수양하여 덕을 세워야 남에게 좋은 영향력을 줄 수 있다. 우리는 자신을 닦지 않고 남을 다스리려고 무단히 애를 쓴다. 먼저 자신의 언행을 살피고 자신의 인격을 쌓아야겠다.

2부

맛깔 나는 구절

外言不入: 쓸데없는 말은 귀 밖에 두다

┃ 다음에 나오는 모든 전각 작품은
　吾溪(오계) 朴斗遠(박두원) 선생님의 작품입니다.

달은 차면 기울고,
만물은 융성하면 쇠한다

—

만물은 생성(生成)과 소멸(消滅)을 거듭한다. 자라날 때가 있고, 왕성할 때가 있다. 쇠퇴할 때가 있고, 없어질 때가 있다. 한때의 부유함도, 자리가 높음도 잠깐 지나가는 것이다. 달도 차면 기운다. 산을 오르면 또한 내려가야 한다. 많이 가졌을 때, 자리가 높을 때 잘해야 한다. 늘 많이 가지고, 언제나 높은 자리에 있는 것이 아니다. 적게 가지고, 자리가 낮을 때를 생각하며 몸가짐을 삼가야 한다.

月滿則缺월만즉결하고 物盛則衰물성즉쇠라. _「사기」

너는 청년의 때에 너의 창조주를 기억하라. 곧 곤고한 날이 이르기 전에, 나는 아무 낙이 없다고 할 해들이 가깝기 전에 해와 빛과 달과 별들이 어둡기 전에, 비 뒤에 구름이 다시 일어나기 전에 그리하라. _「전도서」

____ 조약돌 빛 속에 새롭다

가득 차면 손해를 부르고
겸손하면 이익을 받는다

—

그릇에 물이 가득 차면 넘치고, 그릇이 비어 있을 때는 언제든지 물을 채울 수 있듯이 세상사(世上事) 이치(理致)도 이와 같다. 행동도 거만(倨慢)하면, 손해를 초래(招來)하고 겸손(謙遜)하면 이익을 받는다. 우리가 살아가면서 갖추어야 할 좋은 덕목(德目)들이 많이 있지만 겸손의 미덕(美德)만 한 것이 없다. 겸손함은 자신을 낮추는 것이다. 강한 자가 약한 자를 섬기고, 많이 가진 자가 적게 가진 자를 섬기고, 많이 배운 자가 적게 배운 자를 섬기고, 자리 높은 자가 자리 낮은 자를 섬기는 것이 겸손이다. 성경에서 겸손의 의미는 여러 가지가 있지만 인간의 유한성을 인정하는 것과 하나님의 거룩하심 앞에 무릎을 꿇는 것입니다.

滿招損만초손하고 謙受益겸수익이라. _「서경」

나는 마음이 온유하고 겸손하니 나의 멍에를 메고 내게 배우라 그리하면 너희 마음이 쉼을 얻으리니. _「마태복음」

검소한 사람은
마음이 항상 부유하다

—

작은 사람이 큰 체하고, 적게 가진 자가 많이 가진 체하는 것이 사치(奢侈)다. 속은 텅 비어 있으면서 겉으로 화려(華麗)하게 꾸미는 사람의 마음은 언제나 가난한 것이다. 반대로 검소한 사람은 마음에 여유가 있고 풍요롭다. 실속 없이 겉만 화려하게 꾸미는 것이 너무나 많은 세상이다. 눈에 보이는 것으로 평가받고 싶어 하고, 평가해 버리는 세상이다. 내면(內面)을 들여다보고, 속을 충실하게 채워 가는 삶이 아름다운 삶 아니겠는가?

奢者사자는 心常貧심상빈하고
儉者검자는 心常富심상부라. 「명심보감」

자기의 마음을 제어하지 아니하는 자는 성읍이 무너지고 성벽이 없는 것 같으니라. 「잠언」

오이를 심으면 오이를 얻고,
콩을 심으면 콩을 얻는다

—

모든 일은 원인에 따라 결과가 생긴다. 콩 심은 데에 팥이 나지 않고, 팥을 심은 데에 콩이 나지 않는다. 착한 일을 하면 좋은 열매를 맺고, 악한 일로 하면 나쁜 결과를 맺는다. 많은 땀을 흘린 만큼 결실이 좋고, 게으른 만큼 결과도 나쁘다. 뿌린 대로 거두는 것이 참된 이치다.

種瓜得瓜종과득과요 種豆得豆종두득두라. _「명심보감」

이와 같이 좋은 나무마다 아름다운 열매를 맺고 못된 나무가 나쁜 열매를 맺나니 좋은 나무가 나쁜 열매를 맺을 수 없고 못된 나무가 아름다운 열매를 맺을 수 없느니라. 아름다운 열매를 맺지 아니하는 나무마다 찍혀 불에 던져지느니라.

_「마태복음」

아첨하는 자를
경계하라

—

까마귀가 고기를 물고 나뭇가지에 앉아 있었는데 여우가 그 밑을 지나가게 되었다. 까마귀가 물고 있는 고기가 먹고 싶었던 여우는 까마귀를 우러러보며 말하기를 "그대의 몸은 씩씩해 보이고 깃털은 윤기가 난다. 내가 평소에 듣기로는 그대는 노래를 잘한다고 하니 청컨대 노래 한 곡을 연주해다오."라고 했다.

그러자 까마귀가 기뻐서 입을 크게 벌려 노래를 부르려 하니, 소리가 나오기도 전에 고기는 이미 땅에 떨어지고 말았다. 여우는 빨리 그 고기 덩이를 얻고서 까마귀에게 다시 하는 말이 "다음에 까닭 없이 그대에게 아첨하는 자가 있으면 그대는 그 사람을 삼가라."라고 하면서 떠나 버렸다. _「전국책」

이웃에게 아첨하는 것은 그의 발 앞에 그물을 치는 것이니라.
_「잠언」

　　　　　　　　　　　　_조약돌 빛 속에 새롭다

남의 단점을 말하지 말고
자기의 장점을 말하지 마라

—

사람은 모두가 자기 자신이 잘난 맛에 산다. 한편 남과 어울려 살아야 하는 존재다. 자신의 장점을 이야기하면 남들은 부러워하다가도 시샘한다. 또한 남의 단점을 말하면 함께 그 단점을 공감하면서도 같은 인간의 나약함과 불완전함으로 단점을 말한 사람을 비난한다. 따라서 우리는 남의 단점을 말하지 말고 자기의 장점을 이야기하지 않는 지혜로운 사람이 되어야 한다. 남으로 하여금 칭찬받는 삶이 이루어졌으면 좋겠다.

無道人之短무도인지단 하고 無說己之長무설기지장 하라.
_「문선」

타인이 너를 칭찬하게 하고 네 입으로는 하지 말며 외인이 너를 칭찬하게 하고 네 입술로는 하지 말지니라. 「잠언」

은혜를 베풀고서
보답받기를 구하지 마라

–

대가를 구하지 않고 베푼 은혜가 참된 은혜다. 종종 자신이 베푼 은혜에 남이 보답을 하지 않는다고 서운해하는 사람들이 있다. 그저 베풀었으니 베푼 것으로 그 얼마나 아름다운 행실이 아닌가? 베풀며 살아도 모자라는 인생이다. 남에게 주었는데 무엇이 아쉬운가? 귀한 것으로 주었으면 준 것만으로 그 얼마나 아름다운 나눔이 아닌가? 주고 살아도 모자라는 인생이다.

施恩勿求報시은물구보하고 與人勿追悔여인물추회하라.
_「명심보감」

어떤 자는 종일토록 탐하기만 하나 의인은 아끼지 아니하고 시제(施濟)하느니라. _「잠언」

봄에 만약 밭 갈지 않으면
가을에 바랄 것이 없다

—

심는 대로 거두는 것이 세상의 이치다. 콩 심은 데 콩 나고 팥 심은 데 팥 난다. 심지 않고는 거둘 수가 없다. 좋은 것으로 심으면 좋은 것으로 거두고, 나쁜 것으로 심으면 나쁜 것으로 거둔다. 젊을 때에 심지 않으면 나이 들어 거둘 것이 없다. 젊었을 때 땀 흘려 심으면 나이 들어 풍성하게 거둘 것이다.

봄에 밭을 갈아 씨를 뿌리고 여름에 김을 매어야, 가을에 거둬들이고 겨울에 즐겨 먹고 지낼 수 있다.

春若不耕춘약불경이면 秋無所望추무소망이라. 「명심보감」

자기의 토지를 경작하는 자는 먹을 것이 많으려니와 방탕을 좇는 자는 궁핍함이 많으리라. 「잠언」

재물에 임하여 구차하게
얻으려고 하지 마라

—

　사람들은 재물에 대하여 욕심을 낸다. 재물의 노예가 되면
인생을 망치고 만다. 재물은 삶의 편리함을 추구하는 데 필요
한 것이다. 구차하게 얻을 필요는 없다. 정당한 방법으로 재물
을 얻어야 하고 다루어야 한다. 구차하게 얻으려다 구차한 꼴
을 당하게 된다.
　어려움은 많은 사람들이 피하고 싶어 하는 것이다. 어렵더
라도 의리에 합당하면 참고 견디어 나가야 한다. 구차하게 모
면하려 하면 치욕이 따라붙는다.

　臨財無苟得임재무구득하고 臨難無苟免임난무구면하라. 「예기」

　망령되이 얻은 재물은 줄어 가고 손으로 모은 것은 늘어 가
느니라. 「잠언」

自由人

주는 영이시니 주의 영이 계신 곳에는 자유가 있느니라.

_「고린도후서」

부지런함은
값없는 보배다

—

"한결같이 부지런하면 천하에 어려운 일이 없다[一勤天下無難事(일근천하무난사)]."라는 말이 있다. 부지런함은 어려운 일을 해결해 준다는 뜻이다. 부지런함은 남으로부터 성실성을 인정받는다.

부지런한 사람은 부유하게 산다. 게으른 모습은 남에게 감동을 주지 못한다. 부지런한 사람을 보면 더불어 활기차게 살고픈 마음이 전해 온다. 부지런함은 값을 매길 수 없는 한량없는 보배라는 말이다.

勤爲無價之寶근위무가지보라. _「명심보감」

손을 게으르게 놀리는 자는 가난하게 되고 손이 부지런한 자는 부하게 되느니라. 「잠언」

사람이 지극히 살피면
따르는 무리가 없다

—

허물없는 사람이 없다. 누구나 완벽한 사람은 없다. 모든 사람은 잘못을 저지르며 살아간다. 다만 좀 더 잘못을 적게, 작게 하려고 노력하며 살아가는 것이다. 그런데 대체로 사람들은 자기 잘못은 작게 보고 남의 잘못은 크게 본다. 큰 잘못이 아닌 작은 잘잘못까지 들추어낸다면 잘못이 없는 사람이 누가 있겠는가?

큰 잘못까지 덮어 두어 나쁜 상태로 남겨 두자는 말은 아니다. 작은 잘못은 넓은 아량과 용서와 사랑으로 감싸야 한다. 살맛나는 세상은 허물을 사랑으로 덮어야 한다. 사람이 지극히 살피면 따르는 무리가 없다.

水至淸則無魚수지청즉무어요
人至察則無徒인지찰즉무도라. 「이담속찬」

허물을 덮어 주는 자는 사랑을 구하는 자요 그것을 거듭 말하는 자는 친한 벗을 이간하는 자니라. 「잠언」

능히 자기를 버리고
남을 따를 수 없는 것이
학자의 큰 병(病)이라

—

　학자의 학문에 대한 연구와 업적은 참으로 귀한 일이다. 그
런데 학자로서 경계해야 할 일은 자신의 주장에 대한 맹목적인
신뢰를 가지는 것이다. 일찍이 퇴계 선생은 "능히 자기를 버
리고 남을 따를 수 없는 것이 학자의 큰 병(病)이다. 천하의 의
리(義理)는 무궁(無窮)한데, 어찌 자기만 옳고 남은 그르다 할 수
있겠는가?"라고 했다. 상대방의 의견에 귀를 기울이고 수용할
수 있는 자세를 가질 때, 큰 학자가 될 수 있다. 배우는 사람
들은 퇴계 선생의 이 말을 가슴에 잘 새겨야 한다.

　不能舍己從人불능사기종인은 學者之大病학자지대병이라.
　天下之義理無窮천하지의리무궁한데 豈是己而非人기시기이비인이
리요.

_「퇴계집」

아무 일에든지 다툼이나 허영으로 하지 말고 오직 겸손한 마음으로 각각 자기보다 남을 낮게 여기고 각각 자기 일을 돌볼 뿐더러 또한 각각 다른 사람들의 일을 돌보아 나의 기쁨을 충만하게 하라. 「빌립보서」

오이밭에서는
신발을 들여 신지 마라

—

오이밭에서 벗겨진 신발을 신기 위해 몸을 구부린다거나, 오얏(자두)나무 아래에서 갓을 바로잡기 위해 손을 위로 올린다면, 주인은 오이나 오얏을 따 먹는다고 의심을 하게 된다. 우리는 종종 뜻하지 않게 남으로부터 의심을 받아 오해를 살 수 있다. 남에게 오해를 받으면 많은 정신적 고통을 받게 되고, 우리 자신의 고귀한 삶에서 엄청난 손실을 가져온다. 남에게 의심을 받지 않도록 지혜롭게 처신하는 것이 현명하다.

瓜田과전에 不納履불납리하고
李下이하에 不整冠부정관하라. 「문선」

무지한 자는 미련한 것을 즐거워하여도 명철한 자는 그 길을 바르게 하느니라. 「잠언」

착한 사람과
함께 살면

—

착한 사람과 생활하는 것은, 지초와 난초를 놓아둔 방 안에서 오랫동안 지내면서 그 꽃향기를 맡지 못하는 것 같지만 곧 지초와 난초와 같은 좋은 향기를 발하는 사람이 되고, 반대로 착하지 못한 사람과 사는 것은, 생선가게 안에서 오랫동안 지내면서 그 냄새를 맡지 못하는 것 같지만 또한 생선의 냄새가 스미어 나쁜 냄새를 풍기게 된다.

子曰자왈 與善人居如入芝蘭之室여선인거여입지란지실이라: 공자께서 말씀하시기를 착한 사람과 함께 있으면 마치 지초와 난초가 있는 방으로 들어가는 것과 같다. 「공자가어(孔子家語)」

철이 철을 날카롭게 하는 것같이 사람이 그의 친구의 얼굴을 빛나게 하느니라. 「잠언」

以友補仁: 벗으로써 仁을 보충하다

산속의 도적은 깨뜨리기가 쉽고,
마음속의 도적은 깨뜨리기가 어렵다

—

사람의 마음속에 생각들이 드러난 것이 행동이다. 행동은
이미 드러난 것이기 때문에 그 실체를 파악할 수 있다. 따라서
그것을 쉽게 잡을 수 있고 깨뜨릴 수도 있다. 하지만 마음속의
도적은 보이지 않는 것이요, 어디에 숨어 있는지 쉽게 구별할
수 없다. 그뿐만 아니라 남들이 잡을 수 있는 것이 아니요, 오
직 자신이 잡아야 하고 깨뜨려야 하는 것이다. 자신이 마음먹
기에 따라 놓아줄 수도 있고 잡을 수도 있다. 산속의 도적보다
잡기가 어렵다는 말이다. 자신을 바르게 다스리는 것이 온 세
상을 평화롭게 할 수 있는 바탕이 된다.

破山中賊파산중적은 易이요
破心中賊파심중적은 難난이라. _「양명전서」

조약돌 빛 속에 새롭다

마음에서 나오는 것은 악한 생각과 살인과 간음과 음란과 도둑질과 거짓 증언과 비방이니 이런 것들이 사람을 더럽게 하는 것이요 씻지 않은 손으로 먹는 것은 사람을 더럽게 하지 못하느니라. 「마태복음」

남을 꾸짖는 마음으로써
자기를 꾸짖어라

–

우리는 남과 더불어 살아가면서 갈등을 일으킨다. 남이 내
마음에 차지 않을 때가 너무도 많다. 그래서 화를 내기도 한
다. 남을 꾸짖는 데에 아주 익숙해져 있다. 반면에 자신의 잘
못에 대해서 너무나도 관대하여 용서를 잘해 준다. 남을 꾸짖
는 마음으로 자신을 꾸짖고, 자신을 용서하는 마음으로 남을
용서하자. 어차피 인간은 불완전한 존재다. 모자람이 있다.
내 자신이 모자라는 존재이니 남의 모자람을 심하게 탓할 수가
없다. 남이 나의 모자람을 탓할 때는 어찌할 것인가?

以責人之心이책인지심으로 責己책기하고 以恕己之心이서기지심으
로 恕人서인하라. 「송사」

너희가 사람의 잘못을 용서하면 너희 하늘 아버지께서도 너

희 잘못을 용서하시려니와 너희가 사람의 잘못을 용서하지 아
니하면 너희 아버지께서도 너희 잘못을 용서하지 아니하시리
라. _「마태복음」

한때의 분노를 참으면,
백 일의 근심에서 벗어난다

—

분노는 남을 탓하는 격한 감정을 통제하지 못할 때 치밀어 오르는 것이다. 분노는 자신을 죽일 뿐만 아니라 상대방도 죽이는 무서운 독기(毒氣)다. 옳은 일에 대한 거룩한 분노는 정의를 세우는 일이기 때문에 좋은 결과를 맺지만, 남의 잘못을 탓하는 분노는 다스리지 않으면 자신과 남에게 엄청난 심적 상처를 낸다. 성을 자주 내는 사람을 좋아할 사람은 별로 없다.

따라서 분노를 다스릴 수 있어야 한다. 분노를 속으로 삭이는 것도 심리적으로 좋지 않다. 화병이 될 수 있기 때문이다. 분노는 마음속에서 지우는 것이 더 좋다. 처음부터 화를 내지 않는 것이 중요하다. 좀 더 남의 허물을 너그럽게 대하면 된다.

忍一時之憤인일시지분이면 免百日之憂면백일지우니라.

「명심보감」

조약돌 빛 속에 새롭다

미련한 자는 분노를 당장에 나타내거니와 슬기로운 자는 수욕(羞辱)을 참느니라. _「잠언」

발이 없는 말(言)이
천 리까지 난다

—

말은 발이 없지만 말이 전하여지는 거리는 무척 길고도 넓다. 남에게 유익한 말은 멀리, 넓게 퍼져 나갈수록 좋은 영향력을 끼칠 수 있어서 좋다. 하지만 좋지 못한 말은 나쁜 결과를 초래한다. 오늘날의 시대는 인터넷 시대다. 누가 무슨 말을 했다는 소식이 순식간에 전 세계로 퍼져 나가는 시대다. 말을 조심하고 또 조심할 일이다.

"말하기 좋다 하고 남의 말을 말 것을. 남의 말 내 하면 남도 내 말 하는 것을, 말로써 말이 많으니 말을 말까 하노라."라고 옛 시인은 노래했다.

無足之言무족지언이 飛于千里비우천리라. _「이담속찬」

입을 지키는 자는 자기의 생명을 보전하나 입술을 크게 벌리는 자에게는 멸망이 오느니라. _「잠언」

_조약돌 빛 속에 새롭다

일에는 민첩하고
말에는 삼간다

—

땀 흘려 일을 하는 것은 어렵고 말을 하기는 쉽다. 말을 해 버리고 나중에 실천하려면 어렵다. 그래서 일을 이루지는 못하고 이미 해 버린 말은 헛된 말로 남을 수밖에 없다. 우리들의 삶 가운데 이런 일이 허다하다. 일을 민첩하게 하고 말을 조심해서 하라는 말이다.

敏於事而愼於言 민어사이신어언 이라. 「논어」

그러므로 생명을 사랑하고 좋은 날 보기를 원하는 자는 혀를 금하여 악한 말을 그치며 그 입술로 거짓을 말하지 말고 악에서 떠나 선을 행하고 화평을 구하며 그것을 따르라.

「베드로전서」

근심은 비밀을
누설하는 데에서 나온다

—

다산(茶山) 선생의 가훈에 이르기를 "비밀을 남들에게 알게
해서는 안 되겠다고 하면, 그런 일을 하지 않는 것이 가장 낫
고, 남들에게 들려주어서는 안 되겠다고 하면, 그 비밀을 말하
지 않는 것이 가장 낫다."라고 했다. 이 가훈을 평생 몸에 간
직하고 다니면서 외우면, 위로는 하늘을 섬길 수 있고 아래로
는 집안을 보존할 수 있다. 천하에 재앙과 근심, 걱정은 모두
비밀에서 나오니, 일할 때나 말할 때에, 간절히 살펴서 일하고
말해야 한다.

憂作於說秘우작어설비라.

두루 다니며 한담하는 자는 남의 비밀을 누설하나니 입술을
벌린 자를 사귀지 말지니라. 「잠언」

덕 있는 사람은 외롭지 않으며
반드시 이웃이 있다

—

덕행은 어진 마음이 밖으로 드러나 남을 이롭게 하는 행위이다. 남을 돌아보고 남에게 유익을 가져다주는 사람이 덕을 베푸는 사람이다. 남에게 은덕을 입은 사람은 그 고마움을 가지고 산다. 그 고마움을 언젠가는 갚고 싶은 것이 또한 사람의 마음이다. 덕을 베푼 사람이 어려움을 당했을 때, 평소에 은덕을 입은 사람은 찾아가 그 고마움을 갚는다. 그래서 덕 있는 사람은 언제나 이웃이 있다. 인생을 외롭게 사는 것은 좋은 것이 아니다. 더불어 즐겁게 살아가는 것이 인생이다. 남에게 유익을 가져다주는 일을 찾아 살자.

德不孤덕불고라 必有隣필유린이니라. _「논어」

구제를 좋아하는 자는 풍족하여질 것이요 남을 윤택하게 하는 자는 윤택하여지리라. _「잠언」

선을 쌓는 집안은 반드시
남아도는 경사(慶事)가 있다

—

이 세상에는 선악(善惡)이 공존(共存)하고 있다. 일찍이 순자 (荀子)는 인간의 본성(本性)은 악하기 때문에 교화(敎化)를 통해서 선한 사람으로 만들어야 한다고 했다. 반면에 맹자(孟子)는 인 간의 본성은 착하다고 주장했다. 하지만 타고난 착한 본성을 살면서 잃어버렸으므로 성현(聖賢)의 말씀을 통해 다시 찾아야 한다고 했다.

결국, 성악설이나 성선설의 목적은 인간이 착하게 사는 데 있다. 인간은 착하게 살아야 한다. 그런데도 인간은 악한 일을 도모(圖謀)하며, 회개(悔改)하지 않고 살아가는 사람들이 많다. 악을 쌓는 집안은 재앙(災殃)이 남아돌고, 선을 쌓는 집안은 경 사(慶事)가 남아돈다.

積善之家적선지가에 必有餘慶필유여경이라. _「명심보감」

네 손이 선을 베풀 힘이 있거든 마땅히 받을 자에게 베풀기를 아끼지 말며 _「잠언」

남을 사랑하는 사람은
남도 항상 그를 사랑한다

—

사랑은 줄 때, 돌아오는 것이다. 사랑받고 싶으면 사랑을 주어야 한다. 사랑은 받아 본 사람이 사랑을 줄 줄 안다. 남을 사랑하는 사람은 남들도 항상 그 사람을 사랑한다. 그런데, 대가를 바라고 하는 사랑은 참사랑이 아니다. 되돌아오는 사랑을 바라지 않고 베푸는 사랑이 참사랑이다.

愛人者애인자는 人恒愛之인항애지라. _「맹자」

무엇보다도 뜨겁게 서로 사랑할지니 사랑은 허다한 죄를 덮느니라. _「베드로전서」

____ 조약돌 빛 속에 새롭다

오늘 배우지 않고서
내일이 있다고 말하지 마라

—

배우면서 모르는 사실을 알아 가는 것이 삶의 즐거움이다. 배움에는 끝이 없다. 배우는 일에는 시간이 필요하다. 오늘 배우지 않고서 내일이 있으니 내일에 가서 배우겠다고 하면, 배울 수 있는 그 시간이 다시 오지 않을 수 있다. 배움에 시간이 없다고 한탄할 것이 아니라 시간을 만들어 내야 하는 것이다. 배우지 않고서 늙은 후에 한탄한다면 그것이 누구의 허물인고?

勿謂今日不學而有來日물위금일불학이유내일 하라. _「고문진보」

하나님이 모든 것을 지으시되 때를 따라 아름답게 하셨고 또 사람에게 영원을 사모하는 마음을 주셨느니라. 그러나 하나님의 하시는 일의 시종(始終)을 사람으로 측량할 수 없게 하셨도다. 「전도서」

一寸光陰不可輕 : 짧은 시간도 아껴 쓰기

_____ 조약돌 빛 속에 새롭다

정치는
바른 것이다

–

    정치의 요체(要諦)를 이렇게 간단하면서도 명료하게 정의한 말을 찾을 수 없다. 정치란 바른 것이다. 바르게 해야 한다는 것이다. 정치가 부패하면 사회 모든 분야에서 부패한다. 올바르지 못한 것이 용납되는 사회라면 그 사회는 신뢰가 끝장나고 만다. 국민들 간에 신뢰가 없어지면 사람이 살 수가 없다. 그러므로 정치가 바르게 되어야만 신뢰가 쌓이고 사람이 살 수 있는 행복한 사회가 되는 것이다.

    정치가는 당연히 바른 사람이어야 한다. 그래야 바른 정치를 할 수 있는 것이다. "정치는 바른 것이다." 이러한 시각으로 정치를 하고, 정치를 평가하고, 또한 정치에 참여해야 한다.

    政者정자는 正也정야라. 「논어」

공의와 정의를 행하는 것은 제사 드리는 것보다 여호와께서
기쁘게 여기시느니라. 「잠언」

當常喜樂(당상희락) 祈禱不已(기도불이)
凡事感謝(범사감사)

* 已: 그만두다 이

____ 조약돌 빛 속에 새롭다

한문 성경이 세상에 널리 알려진 지가 그리 오래되지 않았다. 평생에 꼭 가지고 싶었던 책이었는데, 독자들도 한문 성경을 읽는 경험을 가졌으면 좋겠다. 우리가 너무 잘 아는 성경 말씀인데 서예 동호인 모임에서 내놓은 작품이다.

"항상 기뻐하라. 쉬지 말고 기도하라. 범사에 감사하라. 이것이 그리스도 예수 안에서 너희를 향하신 하나님의 뜻이니라."

_「데살로니가전서」

난초의 단정하면서도 야무진 잎과 은은한 향기를 품는 꽃을 보면 군자의 고고한 품격이 느껴진다. 선인들의 깊이가 있고 품격 있는 글을 대하면 난초 향기를 느끼듯 좋다.

　난초의 뿌리는 튼튼하여 영양분을 잘 간직하여 오래도록 생명력을 간직한다. 선인들의 깊이가 있는 글을 가슴속에 담아 슬기로운 삶의 깊은 뿌리를 내리며 살았으면 좋겠다.

3부

깊이와
품격이 있는 글

和而不流: 어우러지되 따라 흘러가지 않는다.

和而不流(화이불류)

『論語(논어)』에 "君子(군자)는 和而不同(화이부동: 어우러지되 주관
없이 따라가지 않는다) 하고, 小人(소인)은 同而不和(동이부화: 주관 없
이 따라가면서 어우러지지 못한다)라."라는 말씀이 떠오른다.

부부는 인륜의 시작이며
만복의 근원이니
지극히 소중하다

—

사람은 짝을 맺으며 살아가는 존재다. 태어나면서 부모와
짝을 맺고 살아가면서 형제와 친구와 다른 사람과 짝을 맺는
다. 가정을 이루기 위해 부부의 짝을 맺게 되는데, 이 가운데
가장 중요한 짝이 부부의 짝이다. 부모와 자녀의 짝이 이루어
지기 전에 부부의 짝에서 자녀가 태어난 것임을 알 수 있다.
그래서 인륜의 시작이라고 한다.

가정은 행복의 근원지다. 가정만큼 행복한 곳을 찾기란 쉽
지 않다. 행복한 부부가 꾸려 나가는 가정은 작은 낙원이 된
다. 따라서 부부와 관련된 것들은 그 어떤 것보다도 소중하다.

부부夫婦는 인륜지시人倫之始며 만복지원萬福之源이니 소관지중
所關至重이라. 「해동속소학(海東續小學)」

＿＿＿조약돌 빛 속에 새롭다

남편은 그 아내에 대한 의무를 다하고 아내도 그 남편에게 그렇게 할지라. 「고린도전서」

지언(知言)

—

맹자(孟子)는 공손추(公孫丑)와 대화(對話)하는 중에 자신은 '말에 대해서 안다'라고 하자 공손추는 지언에 대한 설명을 요청한다. 맹자는 이렇게 대답한다. "한쪽으로 치우친 말을 들으면 그말을 하는 사람이 폐단에 가리어져 밝지 못한 것을 알게 되고, 음탕한 말을 들으면 그 말을 하는 사람이 어디에 빠져 탐닉하는 것을 알게 되고, 사악한 말을 들으면 그 말을 하는 사람이 바른 도리에서 떠나 있는 것을 알게 되고, 도피하는 말을 들으면 그사람이 어디에 곤궁하게 처해 있는가를 알게 된다."_「맹자」

온유한 입술에 악한 마음은 낮은 은을 입힌 토기니라 원수는 입술로는 꾸미고 속으로는 속임을 품나니 그 말이 좋을지라도 믿지말 것은 그 마음에 일곱 가지 가증한 것이 있음이니라 속임으로 그미움을 감출지라도 그의 악이 회중 앞에 드러나리라. 「잠언」

천리마(千里馬)와
백락(伯樂)

—

당나라 문장가 한유(韓愈, 768~824)는 『잡설(雜說)』이라는 글에서 천리마와 같은 재주를 가진 사람도 천리마를 명마(名馬)로 잘 알아주는 백락 같은 사람을 만나야 그 재주를 발휘할 수 있다고 했다.

세상에 백락(伯樂: 중국 전국시대 사람으로 말을 잘 알아보았다고 함)이 있은 다음에 천리마가 있으니 천리마는 항상 있되 백락은 항상 있는 것이 아니다. 그러므로 명마(名馬)라 하더라도 노예들의 손에서 치욕을 당하며, 마구간에서 평범한 말들과 함께 죽어 가면서 천리마라는 명성을 얻지 못한다.

천리마는 한번 먹을 적에 곡식 한 섬을 먹는데, 말에게 먹이를 주는 사람이 천 리를 달릴 수 있는 능력을 알지 못하고 먹이를 준다. 그래서 이 말은 비록 천 리를 달릴 수 있는 능력이 있다 하더라도 먹는데 배부르지 못하고, 힘도 부족하여, 재주와 아름다움이 밖으로 드러나지 않게 된다. 또한, 일반적인 말(馬)과 같아지려고 해도 같아질 수도 없게 되니, 어찌 천 리를 달릴 수 있는 능력을 발휘할 수 있겠는가?

채찍질할 때도 천리마에게 맞는 채찍질을 하지 않고, 먹이는 데도 그 재주에 맞게 먹이를 주지 않으며, 울어도 그 울음소리의 뜻을 알지 못하고, 채찍을 잡고서 말에게 임하여 말하길 "천하에 좋은 말(馬)이 없구나."라고만 하니, 아아! 슬프다. 정말로 좋은 말(馬)이 세상에 없단 말인가? 아니면 진실로 좋은 말(馬)을 알아보지 못하는 것인가? 「고문진보」

천리마 같은 좋은 인재도 천리마를 알아보는 백락(伯樂) 같은 지도자를 만나야 그 능력을 발휘할 수 있다. 한유(韓愈)는 자기를 알아주지 않은 군주(君主)를 이렇게 천리마와 백락에 견주어 명문(名文)을 남긴 것이다.

무릇 의인들의 길은 여호와께서 인정하시나 악인들의 길은 망하리로다. 「시편」

___ 조약돌 빛 속에 새롭다

대장부(大丈夫)

『맹자』「등문공(滕文公)」하편(下編)에 보면, 경춘(景春)이라는 자가 맹자에게 "공손연(公孫衍)과 장의(張儀)는 참으로 대장부가 아니겠습니까? 한 번 노(怒)하여 제후들을 두렵게 하고 천하에 전쟁을 그치게 하였습니다."라고 질문하자, 맹자는 이같이 대답하였다.

"이 사람들을 어찌 대장부라고 말할 수 있겠는가? 자네는 예의(禮義)에 대하여 배운 적이 있지 않은가? 남자가 성년이 되어 관례(冠禮)를 거행할 때에 아버지는 그에게 대장부의 도리를 가르친다. 딸이 시집갈 때 어머니는 그 딸에게 아내의 도리를 가르친다. '시집가서 남편을 공경하고 조심하면서 남편의 뜻을 저버리지 마라.'라고 한다. 순종(順從)을 정도(正道)로 삼는 것이 아내의 도리(道理)다. 그런데 공손연과 장의는 도처에서 제후들을 만나고, 겨우 제후들을 토벌하여 높은 자리만 얻었으니, 어

찌 대장부라고 할 수 있겠는가? 천하의 넓은 집에 해당하는 인
(仁)에 살고, 천하의 바른 자리에 해당하는 예(禮)에 서서, 천하
의 대도(大道)가 되는 의리(義理)를 행하여, 뜻을 얻으면 백성들
과 더불어 나아가고, 뜻을 얻지 못하면 홀로 그 길을 걸으며,
부귀(富貴)로 인하여 그 뜻이 음탕하여지지 않으며, 빈천(貧賤)
으로 인하여 그 뜻이 옮겨 가지 않으며, 위협(威脅)과 무력(武力)
으로 인하여 그 뜻이 꺾이지 않는 사람, 이런 사람을 대장부라
고 할 수 있을 것이다." _「맹자」

　다윗이 죽을 날이 임박하매 그의 아들 솔로몬에게 명령하여
이르되 내가 이제 세상 모든 사람이 가는 길로 가게 되었으니
너는 힘써 대장부가 되고 네 하나님 여호와의 명령을 지켜 그
길로 행하여 그 법률과 계명과 율례와 증거를 모세의 율법에
기록된 대로 지키라. 그리하면 네가 무엇을 하든지 어디로 가
든지 형통할지라. _「열왕기상」

우공이산(愚公移山)
: 우공(愚公)이 산을 옮기다

—

"쉬지 않고 꾸준하게 한 가지 일만 열심히 하면 마침내 큰일을 이룰 수 있다"는 뜻을 가진 고사성어다.

『열자(列子)』「탕문(湯問)편」에 보면, 태형(太形)과 왕옥(王屋) 두 산은 사방이 700리요, 높이는 만 길이나 되는데, 본래 기주(冀州)의 남쪽과 하양(河陽)의 북쪽에 있었다.

북산(北山)의 우공(愚公)이라는 사람은 나이가 90세인데 산을 바라보고 살고 있었다. 산의 북쪽이 길을 막아 멀리 돌아서 출입을 하게 되니 집안사람들을 모아서 도모하여 말하길 "나와 너희들이 힘을 다하여 험한 곳을 평탄하게 하여, 예남(豫南) 땅으로 통하게 하고, 한수(漢水)의 남쪽까지 도달하려는데 괜찮겠는가?" 하니 이 사람 저 사람 서로 동의를 했다.

그의 아내가 의심하여 묻길 "당신의 힘으로 괴부(魁父: 작은 산)의 언덕도 덜지 못할 텐데 태형(太形)과 왕옥(王屋)을 어찌한다는 것이며, 또한 흙과 돌은 어디에 두시려고요?" 하니 이리 저리 말하길 "발해(渤海)의 끄트머리 은토(隱土)의 북쪽에 던지 면 된다."라고 했다.

드디어 자식과 손자를 거느리고 일을 착수했다. 짐을 짊어 지고 어깨에 멘 세 남자(우공, 자식, 손자)는 돌을 두드리고 땅을 파서 삼태기에 담아 발해 끄트머리로 운반했다. 이웃사람 경 성씨(京城氏)의 미망인에게 사내아이가 있었는데 이갈이를 시작 한 나이였는데 뛰어와서는 이 일을 도왔다.

겨울과 여름이 바뀌어 비로소 한 번 되돌아오게 되었다. 하 곡(河曲)땅 지수(智叟)라는 사람이 웃으며 만류하여 말하길 "심 하도다, 당신의 총명하지 못함이여! 남은 나이와 여력으로 산 의 터럭 하나조차 헐지 못할 것인데 흙과 돌을 어찌하겠는가?" 라고 했다.

그러자 북산(北山) 우공(愚公)이 길게 탄식하여 말하길 "당신 마음이 고루해서 가히 통하지가 않으니 일찍이 미망인의 어린 애만도 못하오. 비록 내가 죽어도 자식이 있고, 자식은 또 손 자를 낳고, 손자는 또 자식을 낳고, 자식은 또 자식을 낳고, 자식은 또 손자를 낳을 것이고, 자자손손 끝이 없으나, 산은 불어나지 않으니 어찌 수고롭다 불평하리요?"라고 했다.

이에 지수(智叟)는 응대할 말을 잃었다. 조사(操蛇)라는 신(神: 태형 왕옥의 산신)이 이를 듣고, (우공이) 그만두지 않을 것을 두려워하여, 이것을 천제(天帝)에게 알렸다. 천제가 그 정성에 감동하여 과아씨(夸蛾氏) 두 아들에게 명령하여 두 산을 짊어지고 하나는 삭동(朔東)에, 하나는 옹남(雍南)에 두게 하였다. 이로부터 기주(冀州)의 남쪽, 한수(漢水)의 남쪽으로는 농단(隴斷: 높고 깎아 세운 듯한 높은 언덕)이 없다.

  게으른 자여 개미에게 가서 그가 하는 것을 보고 지혜를 얻으라. 개미는 두령도 없고 감독자도 없고 통치자도 없으되 먹을 것을 여름 동안에 예비하며 추수 때에 양식을 모으느니라. 게으른 자여 네가 어느 때까지 누워 있겠느냐 네가 어느 때에 잠이 깨어 일어나겠느냐 좀 더 자자, 좀 더 졸자, 손을 모으고 좀 더 누워 있자 하면 네 빈궁이 강도 같이 오며 네 곤핍(困乏)이 군사같이 이르리라. 「잠언」

맑은 마음으로
세상을 바라보라

—

세상 사람들은 영리(榮利)에 속박(束縛)되어 가지고는 걸핏하면 티끌 같은 세상이니, 고통의 바다라느니 한다. 하지만 흰 구름이 푸른 산을 휘감고, 맑은 시냇물은 돌을 끼고 흐르며, 꽃은 피어 새를 반겨 마중하고, 골짜기는 나무꾼의 노랫소리에 화답하는 세상은, 티끌 같은 세상이 아니요, 고통의 바다가 아니다. 사람들 자신이 스스로 욕심에 사로잡혀 티끌을 뒤집어쓰고 욕망에 괴로워하는 것일 뿐이다. 「채근담」

세상의 영화(榮華)와 명리(名利)에 마음이 얽매여 있으면, 세상은 고통의 바다요, 마음이 한가롭고 맑으면 낙원(樂園)이다.

내가 궁핍하므로 말하는 것이 아니라 어떠한 형편에든지 나는 자족하기를 배웠나니 나는 비천에 처할 줄도 알고 풍부에 처

조약돌 빛 속에 새롭다

할 줄도 알아 모든 일 곧 배부름과 배고픔과 풍부와 궁핍에도 처할 줄 아는 일체(一切)의 비결(秘訣)을 배웠노라. 「빌립보서」

반딧불이 피는 밤

하루라도 온화한
기운이 없어서는 안 된다

–

비바람 몰아치는 날에는 짐승들도 슬퍼하지만, 개고 맑은 바람이 부는 날에는 초목도 즐거운 듯 싱그럽다. 천지간에 하루라도 온화한 기운이 없어서는 안 되는 것처럼, 사람의 마음에 하루라도 기쁜 마음이 없어서는 안 된다.

질풍노우疾風怒雨에는 금수禽獸도 척척戚戚하며 제일광풍霽日光風에는 초목草木도 흔흔欣欣하나니 가견천지可見天地에 불가일일무화기不可一日無和氣요 인심人心에 불가일일무희신不可一日無喜神이니라. 「채근담」

주 안에서 항상 기뻐하라. 내가 다시 말하노니 기뻐하라.
「빌립보서」

연꽃 사랑

—

북송 때 학자 주렴계(周濂溪, 1017~1073) 선생은 연꽃을 사랑했다. 연꽃은 군자의 품성을 지니고 있어서 좋아한다는 것이다. 선생의 대표작으로 일컬어지는 「애련설(愛蓮說)」이다.

물과 육지에서 자라는 초목의 꽃 중에 사랑할 만한 것이 매우 많으나, 진(晉)나라 도연명(陶淵明)은 유독 국화를 사랑했고, 당나라 이후로 세상 사람들은 모란을 무척 사랑했다. 나는 유독 연꽃이 진흙에서 나와서 흙탕물에 물들지 않고, 깨끗하며 요염하지 않고, 줄기의 속은 비었지만 겉은 곧으며, 덩굴지지 않고 가지를 치지 않으며, 향기는 멀리 퍼질수록 더욱 맑으며, 우뚝 솟아 깨끗하게 서 있어서, 멀찍이 바라볼 수 있되 함부로 가지고 놀 수는 없는 것을 사랑한다.
국화는 은일(隱逸: 속세를 떠나 자연에 숨는 것)을 뜻하는 꽃이요,

모란은 부귀를 뜻하는 꽃이요, 연꽃은 군자(君子: 인격이 잘 갖추어진 사람)를 뜻한다고 말할 수 있다.

슬프다! 국화를 사랑한다는 사람은 도연명(陶淵明) 이후로 적다고 한다. 나와 같이 연꽃을 사랑한다는 사람은 몇 사람이나 될까? 모란을 좋아한다는 사람이 많은 것은 당연하다. _「주렴계집」「애련설(愛蓮設)」

하나님 아버지 앞에서 정결하고 더러움이 없는 경건은 곧 고아와 과부를 그 환난 중에 돌보고 또 자기를 지켜 세속에 물들지 아니하는 그것이니라. _「야고보서」

격물치지(格物致知)·성의(誠意)·정심(正心)

—

사물의 이치를 다 밝혀낸 이후에 다 알게 되고, 다 알고 난
이후에 뜻이 참되고 허황하지 않으며, 뜻이 참되고 허황하지
않은 이후에 마음이 바르게 되고, 마음이 바르게 된 이후에
몸이 닦아지고, 몸이 닦아진 이후에 집안을 가지런히 할 수
있고, 집안을 가지런히 해야 나라를 잘 다스리며, 나라를 잘
다스린 이후에 천하를 평화롭게 한다. 따라서 천하를 태평하
게 하는 것은 사물의 이치를 다 밝혀 다 알아내는 일로부터 시
작하여, 혼자 있을 때를 삼가서 나쁜 일을 행하지 말고 자신
의 뜻을 참되게 하며, 마음을 바르게 하여, 자신을 수양해야
한다. _「대학」

격물치지: 사물의 이치를 다 밝혀 다 알아낸다. 이 세상에서
이루어지는 모든 일에는 마땅한 이치가 있다. 또한 모든 물건

에는 마땅한 쓰임이 있다. 그런데 우리는 이것을 다 알아내지 못하고 있다. 배우는 자는 이미 알고 있는 지식으로 더욱 궁구하여 그 사물의 이치를 끝까지 밝혀내어야 한다. 이렇게 될 때, 자신의 마음은 밝아진다. 마음이 밝아지면, 뜻이 참되게 되고(誠意), 마음도 바르게 된다(正心).

성의: 뜻을 참되게 한다는 것은 자신을 속이지 않는다는 말이다. 남이 보지 않는 곳에서도, 인격이 잘 갖추어진 사람은 자신을 속이지 않는다. 덜된 사람은 남이 보지 않는 곳에서, 나쁜 일을 행하지 않음이 없다. 마음이 참되고 허황됨이 없으면, 넓고 크며 너그럽고 평온한 모습이 몸 밖으로 드러난다. 따라서 인격이 잘 갖추어진 사람은 혼자 있을 때를 조심하여, 뜻을 참되게 한다. 성의(誠意) 이후에 정심(正心)이 된다. 마음이 바르게 된 이후에 수신(修身)이 된다.

수신: 마음을 바르게 하는 데 있다. 몸에 분노, 두려움, 좋아함과 즐거움, 걱정과 근심을 간직하고 있으면 마음의 평정(平正)을 얻을 수 없다. 마음이 없는 곳에는 사물을 보아도 눈에 보이지 않고, 소리를 들어도 귀에 들려오지 않으며, 맛있는 음식을 먹어도 그 맛을 모른다. 따라서 수신(修身)은 마음을 바르게 하는 데 있다.

_____ 조약돌 빛 속에 새롭다

* 수신제가치국평천하(修身齊家治國平天下)라는 말은 너무 널리 알려진 말이다. 격물치지(格物致知) 연후(然後: 그런 뒤에)에 성의(誠意)가 되어야 하고 연후(然後)에 정심(正心)하고 연후(然後)에 수신제가치국평천하임을 알아야 한다. 격물치지, 성의, 정심도 함께 알았으면 좋겠다.

모든 지킬 만한 것 중에 더욱 네 마음을 지키라. 생명의 근원이 이에서 남이니라. 「잠언」

세한도 발문

—

※ 학당에서 함운(涵雲) 선생님에게 한문을 배울 때 〈세한도〉 발문을 해석해 달라며 매달렸는데 몇 주에 걸쳐 강의를 해 주셨고, 그 덕분에 귀한 글을 이해할 수 있었다. 우리도 〈세한도〉의 그림 감상에 그치지 말고 발문을 통해 완당(阮堂) 선생의 명문(名文)을 감상하며 세한도의 진가(眞價)를 알아보자.

우선(藕船: 제자 이상적의 호)은 이것을 감상하라.
　지난해 『만학』과 『대운』 두 책을 부쳐 왔고, 올해 또 『우경문집』을 부쳐 왔으니 이것은 모두 세상에서 항상 있는 일이 아니요, 천만 리 먼 곳에서 구입하여 여러 해를 두고 얻은 것이니 한때의 일이 아니다.
　또한 세상의 도도한 물결은 오직 권세와 이익만을 쫓아가거늘 권세와 이익을 위하여 마음을 쓰고, 힘을 쓰는 것이 이와 같은데, 권세와 이익을 붙좇지 않고, 바다 밖에 있는 초췌하고 마른 사람(추사 자신을 가리킴)을 붙좇음이여, 세상에서 권세와 이익을 쫓아가는 자를 태사공(사마천)이 이르되 "권세와 이익을 합한 자는 권세와 이익이 다하면 사귐도 멀어진다."라고 했으니 그대(이상적)도 또한 세상의 권세와 이익을 쫓아가는 도도한 물결 가운데 있는 한 사람이거늘 초연하게 도도한 물결인 권세와 이익 밖에서 뽑혀 나와서 권세와 이익으로써 나를 보지 않는 것인가? 태사공의 말이 그릇된 것인가?

공자께서 가라사대 "날씨가 차가워진 연후에 송백이 늦게 시드는 것을 알겠다."라고 하셨으니, 송백, 이것은 사계절을 꿰뚫어 시들지 아니하니 세한(한겨울 추운 날씨) 이전에도 하나의 송백이요, 세한 이후에도 하나의 송백이거늘, 성인(공자)은 특별히 세한 이후의 송백을 일컬은 것이라. 지금 그대가 나에게 있어서 권세가 있기 전을 따져 보아도 더할 것이 없고, 권세가 떨어진 지금의 나를 대하는 것을 보아도 덜어 버릴 것이 없다. 그러나 권세가 있기 전에 나에게 대한 그대는 일컬을 것이 없거니와, 권세가 떨어진 지금의 나를 대하는 그대는 또한 성인에게 일컬음을 받을 만하다. 성인이 특별히 일컫는 것은 한갓 늦게 시드는 정조(貞操)와 경절(勁節)만이 아니요, 또한 세한의 때에 느끼며 마음에 드러나는 것(感發)이 있음을 위한 것이다.

아아, 서경(西漢) 인심이 순박하고 두터운 때에 급암(汲黯)과 정당시(鄭當時) 같은 어진 이도 빈객이 권세와 더불어 성하고 쇠하였으니 하비(下邳)땅 문(門)에 방(榜)을 붙인 것 같은 것은 세상 인심의 박절함이 끝이 없도다. 슬프도다. 완당 노인 쓰다.

※ 한 무제 때에 구경(九卿)을 지낸 급암과 정당시에 대한 기록이다.

두 사람 모두 청렴하고 직간(直諫)을 잘하여 한자리에 오래 붙어 있질 못했다. 급암은 자가 장유(長孺)며 품행이 바르고 직간하기를 좋아하여 황제 앞에서 황제가 욕심이 많으면서 겉으로만 인의를 베푼다고 직언할 정도다.

정당시는 자(字)가 장(莊)이며 협객을 자처하여 남을 대하는데 공평하고 베풀기를 좋아했다. 그러나 두 사람 모두 벼슬을 잃자 빈객들이 모두 떨어져 나간 세태를 사마천은 꼬집고 있다.

'문전작라(門前雀羅)'라는 고사성어도 여기에서 생겨났다. 벼슬 높을 때면 사람들이 대문 앞에 들끓다가 벼슬 떨어지면 문밖에 참새 그물을 칠 정도로 한산한 염량세태(炎涼世態)를 풍자한 말이다. 우리 속담에도 "대감 죽은 데는 안 가도 대감 말 죽은 데는 간다."라는 말이 있다.

_____ 조약돌 빛 속에 새롭다

※ 다음은 하비(下邳)땅 적공(翟公)이 문(門)에 방(榜)을 붙인 것이다.

내가 처음에 정위가 되자 빈객들이 문 앞에 가득 찼다. 그러나 벼슬이 떨어지자 대문 밖에 참새 그물을 쳐도 될 정도로 사람이 드물었다. 내가 다시 정위가 되자, 빈객들이 또 몰려들었다. 그래서 내가 이런 글을 대문에 써 붙였다.

一生一死 乃知交情일생일사 내지교정 : 한 번 죽고 한 번 살아보면, 곧 서로 사귀는 정을 알 수 있고
一貧一富 乃知交態일빈일부 내지교태 : 한 번 가난해지고 한 번 부해져 보면, 곧 서로 사귀는 태도를 알 수 있고
一貴一賤 交情乃見일귀일천 교정내현 : 한 번 귀해지고 한 번 천해지니, 서로 사귀는 정이 곧 드러나는구나. _「사기 열전」

추사 선생이 제자 이상적을 칭찬한 글이다. 세상 사람들의 인심은 권력과 이익을 좇아 따라가는 것인데 제주도에 귀양 온 어려운 처지에 있는 자신을 끊임없이 돌보아 주는 제자를 칭찬하고 있다. 추운 겨울철에 푸름을 간직한 송백처럼 제자 이상적이 정조와 경절을 갖춘 군자임을 세상에 알려 주고 있다.

선한 행실의 증거가 있어 혹은 자녀를 양육하며 혹은 나그네를 대접하며 혹은 성도들의 발을 씻으며 혹은 환난당한 자들을 구제하며 혹은 모든 선한 일을 행한 자라야 할 것이요.

「디모데전서」

침묵과 웃음
: 묵소거사자찬(默笑居士自讚)

—

마땅히 침묵해야 할 때 침묵하는 것은 그때그때의 사정에 따라 적절하게 처신하는 시중(時中)에 가깝고, 마땅히 웃어야 할 때 웃는다는 것은 한쪽으로 치우치지 않고 모자람이 없는 중용(中庸)에 가깝다.

일이 잘되도록 이리저리 힘을 써서 변통(變通)해 주거나, 옳고 그름을 판단할 때가 온다거나, 세상에서 벼슬하거나 아니면 은거를 결심할 시기가 오거나, 소멸과 성장할 때에 이러한 경우 행동하면서 천리(天理)를 위반하지 않고, 가만히 있을 때는 인정(人情)을 거스르지 아니해야 하니. 침묵할 때 침묵을 지키고, 웃을 때 웃는다는 의미는 대단하다.

말을 하지 않더라도 나의 뜻을 알릴 수 있으니 침묵을 한들 무슨 상심(傷心)이 있으랴. 중용의 도를 터득하여 감정을 발산하는데 웃는다 한들 무슨 걱정이 되랴.

힘쓸지어다! 나 자신의 상황을 생각해 보니 그 묵소(默笑: 침묵과 웃음)의 도리를 실천하지 못하고 이 도리에서 벗어났음을 알겠다.

묵소거사가 스스로 이 도리를 기리다.

이 글은 묵소거사(默笑居士) 김유근[金逌根, 1785~1840: 추사(秋史) 김정희(金正喜) 선생과 친우(親友)]이 지은 글이다. 침묵해야 할 때 침묵하는 것과 웃어야 할 때 웃는 것이 알맞은 행동임을 강조한 글이다. 때에 맞는 침묵과 미소의 중요성을 깨우쳐 주는 좋은 글이다.

사람은 그 입의 대답으로 말미암아 기쁨을 얻나니 때에 맞는 말이 얼마나 아름다운고. 「잠언」

* "도리에서 벗어났음을 알겠다."라는 말은 자신의 행동이 묵소의 도리에 미치지 못했음을 겸손하게 표현한 것임.

춘추필법(春秋筆法)과
동호직필(董狐直筆)

—

  '춘추필법'은 역사적 사실을 객관적 사실에 입각하여 대의명분을 밝혀 주관적인 판단을 내려, 역사를 기록하는 방법을 말한다. '동호직필'은 춘추시대 진(晉)나라의 사관인 동호(董狐)가 권세에 아부하거나 두려워하지 않고 원칙에 따라 당시의 사실을 숨기지 않고 직필(直筆)함을 일컫는 말이다.

  『춘추』라는 책은 공자가 BC 722년부터 죽기 직전인 BC 479년까지 그의 모국인 노(魯)나라의 12제후가 다스렸던 시기의 주요 사건들을 월별로 기록한 편년체 역사책이다. '춘하추동'을 줄여 '춘추'라고 이름 붙인 것이다. 공자는 이 책을 기록할 때, 사건을 기록하는 기사(記事), 직분을 바로잡는 정명(正名), 칭찬과 비난을 엄격히 하는 포폄(襃貶)의 원칙을 세워, 여기에 어긋나는 것은 철저히 배격했다. 특히 선왕(先王)의 업적을 평가할 때에도 이 원칙을 예외 없이 지켰다.

'동호직필'은 『춘추좌씨전』 선공(宣公) 2년에 나오는 이야기에서 비롯되었다.

춘추시대 진(晉)의 영공(靈公)은 사치하고 잔인하며 방탕한 폭군이었다. 당시 정경(正卿)으로 있던 조순(趙盾)이 이를 자주 간(諫)하자, 귀찮게 여긴 영공은 오히려 자객을 보내 그를 죽이려 하였다. 그러나 조순의 집에 숨어든 자객은 그의 인품에 반해 나무에 머리를 찧어 스스로 목숨을 끊었다. 그러자 이번에는 술자리로 유인해 그를 죽이려 했는데, 병사들이 그 사실을 미리 알고 조순을 이끌고 도망쳤다. 조순은 국경을 넘으려는 순간, 영공이 조천(趙穿)이라는 사람에게 도원(桃園)에서 살해당했다는 말을 듣고는 다시 도읍으로 돌아왔다.

그런데 태사(太史)로 있던 동호(董狐)가 국가 공식 기록에 이렇게 적었다. '조순, 군주를 시해(弑害)하다.' 조순이 이 기록을 보고 항의하자, 동호는 이렇게 말하였다. "물론 대감께서 직접 영공을 시해하지는 않았습니다. 그러나 그때 대감은 정경(正卿)으로서 국내에 있었고, 또 조정에 돌아와서는 범인을 처벌하려 하지도 않았습니다. 그래서 대감께서 공식적으로 시해자(弑害者)가 되는 것입니다." 라고 하자, 이 말을 들은 조순은 자기가 직무를 제대로 수행하지 못했음을 인정하고 동호의 뜻에 따랐다.

훗날 공자(孔子)는 이 일에 대해 이렇게 말하였다. "동호는 옛

날의 훌륭한 사관(史官)이다. 법에 따라 굽힘이 없이 썼다. 조
순은 옛날의 훌륭한 대부(大夫)다. 법에 따라 부끄러운 이름을
뒤집어썼다. 아깝도다. 국경을 넘었더라면 악명(惡名)을 면(免)
했을 텐데….”

오직 정의를 물같이, 공의를 마르지 않는 강같이 흐르게 할
지어다. 「아모스」

산, 물, 돌, 솔, 달의
좋은 품성

–

　김청간(金淸簡·金時習) 공(公)이 말하기를 "산에 오르면 산의 높음을 배울 것을 생각하고, 물에 다다르면 물의 맑음을 배울 것을 생각하고, 돌에 앉으면 돌의 견고함을 배울 것을 생각하고, 소나무를 보면 소나무의 곧음을 배울 것을 생각하고, 달을 대하면 달의 밝음을 배울 것을 생각하라."라고 했다.

　山, 水, 石, 松, 月의 좋은 품성 곧, 산의 웅고(雄高)함, 물의 청결(淸潔)함, 돌의 견고(堅固)함, 소나무의 정절(貞節), 달의 청명(淸明)함을 간직하기를 바라는 글이다.

　우리가 이 직분이 비방을 받지 않게 하려고 무엇에든지 아무에게도 거리끼지 않게 하고 오직 모든 일에 하나님의 일꾼으로 자천하여 많이 견디는 것과 환난과 궁핍과 고난과 매 맞음

과 갇힘과 난동과 수고로움과 자지 못함과 먹지 못함 가운데서
도 깨끗함과 지식과 오래 참음과 자비함과 성령의 감화와 거짓
이 없는 사랑과 진리의 말씀과 하나님의 능력으로 의의 무기를
좌우에 가지고 영광과 욕됨으로 그러했으며 악한 이름과 아름
다운 이름으로 그러했느니라. 우리는 속이는 자 같으나 참되
고 무명한 자 같으나 유명한 자요 죽은 자 같으나 보라 우리가
살아 있고 징계를 받는 자 같으나 죽임을 당하지 아니하고 근
심하는 자 같으나 항상 기뻐하고 가난한 자 같으나 많은 사람
을 부요하게 하고 아무것도 없는 자 같으나 모든 것을 가진 자
로다. 「고린도후서」

松下問童子言師採藥去只在
此山中雲深不知處 庚寅島
喬庚寅夏 碧波 許鍊浅

[화제(畵題) 풀이]

松下問童子(송하문동자)하니 : 솔 아래 동자에게 물으니
言師採藥去(언사채약거)라 : 스승은 약초 캐러 가셨다네.
只在此山中(지재차산중)이건만 : 다만 이 산 속에 있으련만
雲深不知處(운심부지처)라 : 구름 깊어 계신 곳을 모른다네.

* 唐賈島詩(당가도시: 당나라 賈島의 시) 庚寅夏(경인하: 경인년 여름)
碧波(벽파) 許鏞茂(허용무)

위 시에서 스승을 찾은 사람은 작자 가도(賈島) 자신이 아닐
까 싶다. 우리의 삶 가운데 삶의 참된 이치를 찾기 위해 스승
을 찾는다. 스승을 찾아 참된 길을 묻고 그 길을 따라 살아가
고자 하는 것이 우리 인생의 한 단면이다. 한편으로 구도(求道)
의 어려움을 은유적으로 읊조렸다고 볼 수도 있겠다. 시에 대
한 감상은 다양하게 접근해 보는 것도 좋겠다.

예수께서 이르시되 내가 너희와 함께 조금 더 있다가 나를
보내신 이에게로 돌아가겠노라. 너희가 나를 찾아도 만나지
못할 터이요 나 있는 곳에 오지도 못하리라 하시니. 「요한복음」

행여 뒤에 오는 사람들에게 삶의 보탬을 주고자 하는 마음과 어머
님을 그리워하는 마음, 충성스러운 장군으로서 나라를 걱정하는 마
음, 수십만 적군 앞에서도 흔들리지 않는 장군의 기개를 본다.

　먼 타국에서 고향에 편지를 보내고 싶으나 전할 길 없는 막막함을
토로하고, 쓸쓸한 가을 나그네의 심정과 삶의 의미를 생각하게 하
며, 때로는 고향에 돌아와 고향의 아름다움을 노래하기도 한다. 아
리따운 여인의 임에 대한 순수한 사랑의 시가 있는가 하면 깊은 규방
에서 임을 그리워하는 여인의 마음도 엿볼 수 있다. 한가한 전원의
삶을 노래하는가 하면 역사의 흥망성쇠를 바라보며 삶을 관조(觀照)
하게 하기도 한다. 봄비의 생동감과 아름다운 자연의 경관을 노래하
며 때로는 자연에 자신을 맡겨 자신을 성찰하는 노래들로 이루어져
있다. 오랫동안 애송되어 온 정감이 가는 선인들의 노랫말들이다.

4부

마음에서 우러나오는
노랫말

눈 덮인 들길

—

눈 덮인 들길을 밟으며
모름지기 어지럽게 다니지 마라
오늘 아침 나의 밟은 발자국이
마침내 뒤에 오는 사람들의 길이 됨이니

野雪(야설)
穿雪野中去(천설야중거)에
不須胡亂行(불수호란행)이라
今朝我行跡(금조아행적)은
遂作後人程(수작후인정)이라

* 김구(金九) 선생의 애송시로 널리 알려져 있는 유명한 한시(漢詩)다. 서산대
  사의 선시(禪詩)로 알려져 있으나, 조선 시대 임연당(臨淵堂) 이양연(李亮淵,
  1771~1853)의 작품으로 밝혀졌다.

우리의 인생은 다른 사람의 거울이 될 수 있다. 아무도 밟지 않은 눈길에 발자취를 남기면 뒤에 오는 사람이 행여 위험한 지역에 빠지지 않으려고 앞서간 사람의 발자취를 따라 걷게 된다. 이처럼 우리의 인생의 발걸음이 뒷사람의 길이 될 수 있으니 좋은 발자취를 남기는 것도 앞서가는 사람으로서의 삶의 태도다.

회오리바람 중에 주의 우렛소리가 있으며 번개가 세계를 비추며 땅이 흔들리고 움직였나이다. 주의 길이 바다에 있었고 주의 곧은길이 큰물에 있었으나 주의 발자취를 알 수 없었나이다. 「시편」

대관령을 넘으며
친정을 바라본다

—

늙으신 어머니를 고향에 두고
이 몸은 정 두고 서울로 가네
고개 돌려 고향 마을 한 번 더 바라보니
흰 구름만 저문 산에 날아 내리네 _「대동시선」

踰大關嶺望親庭(유대관령망친정)
慈親鶴髮在臨瀛(자친학발재임영)한데
身向長安獨去情(신향장안독거정)이라
回首北村時一望(회수북촌시일망)하니
白雲飛下暮山靑(백운비하모산청)이라

이 시는 신사임당이 강릉 고향에서 홀로 계신 어머니를 두고
서울로 가면서 어머니를 그리워하며 지은 시다. 자애로운 어

머니를 걱정하며 남겨 두고, 시집살이 떠나는 자녀의 마음이
잘 나타나 있다. 어머니를 그리워하는 자녀들의 마음은 예나
지금이나 같다.

네 부모를 즐겁게 하며 너 낳은 어미를 기쁘게 하라. 「잠언」

한산섬에서
잠 못 이루며

—

한산섬에 가을은 저물어 가는데
추위에 놀란 기러기들 높이 나는구나
나랏일 걱정에 잠 못 이루건만
새벽달은 속절없이 활과 칼을 비추네

閑山島夜吟(한산도야음)
水國秋光暮(수국추광모)하니
驚寒雁陣高(경한안진고)라
憂心輾轉夜(우심전전야)하니
殘月照弓刀(잔월조궁도)라

이 시는 이순신 장군의 「閑山島夜吟(한산도야음)」이라는 시다.
나라를 걱정하는 충정 어린 장군의 마음이 오늘날 우리들에게 전해 온다.

　모르드개가 그를 시켜 에스더에게 회답하되 너는 왕궁에 있으니 모든 유다인 중에 홀로 목숨을 건지리라 생각하지 말라. 이때에 네가 만일 잠잠하여 말이 없으면 유다인은 다른 데로 말미암아 놓임과 구원을 얻으려니와 너와 네 아버지 집은 멸망하리라. 네가 왕후의 자리를 얻은 것이 이때를 위함이 아닌지 누가 알겠느냐 하니. 「에스더」

진영(陣營)에서
시를 읊다

—

나라님 행차는 서쪽 관문으로 멀어지고
동궁전하는 북쪽 변경에서 위험에 처해 있네
외로운 신하 나라 일 걱정하는 날
장사들은 공을 세울 때다
바다에 맹세하니 어룡이 감동하고
산들에 맹세하니 초목이 알아주네
이 원수들을 다 죽일 수 있다면
비록 죽을지라도 사양하지 않겠노라

陣中吟(진중음)
天步西門遠(천보서문원)하고
東宮北地危(동궁북지위)라
孤臣憂國日(고신우국일)이요

壯士樹勳時(장사수훈시)라
誓海魚龍動(서해어룡동)하고
盟山草木知(맹산초목지)라
讐夷如盡滅(수이여진멸)이면
雖死不爲辭(수사부위사)라

이 시는 충무공(忠武公) 이순신(李舜臣, 1545~1598) 장군이 임진
왜란 중에, 나라의 위급함과 조정의 위태로움을 염려하여 지
은 시다. 1, 2구에서 나라의 위급을 말하고 있으며, 3, 4구는
장사(壯士)들을 독려하는 내용이다. 5, 6구의 서해어룡동(誓海魚
龍動), 맹산초목지(盟山草木知)는 널리 알려진 시구(詩句)다. 산천
초목을 감응시킬 수 있는 지극한 충성의 마음은 우리들로 하여
금 엄숙하게 하며, 옷깃을 여미게 한다. 7, 8구에서 스스로 목
숨을 걸고 왜적을 물리쳐야겠다고 굳게 다짐하는 결연에 찬 장
군의 나라 사랑하는 마음은 충(忠)이 무엇인지 알려 준다.
　　명(明)나라 수군(水軍) 제독(提督)인 진린은 이순신 장군을 호평
(好評)하여 "경천위지지재(經天緯地之才: 천지를 경륜하는 재주)요, 보
천욕일지공(補天浴日之功: 하늘에 구멍 난 곳을 기우며 태양을 씻기는 공
적)이 있다."라고 극찬하였다. 우리의 반만년 역사에서 이순신
장군이 계신다는 것은 세계 역사에서 어떠한 위인과 견주어도
모자람이 없는 영웅임을 자랑할 만하다.

　　　　　　　　　　　　　＿＿＿ 조약돌 빛 속에 새롭다

충성된 사자는 그를 보낸 이에게 마치 추수하는 날에 얼음냉수 같아서 능히 그 주인의 마음을 시원하게 하느니라. 「잠언」

수나라 장수
우중문에게 주는 시

_

신통한 책략은 하늘 이치를 밝히고
기묘한 전술은 지리에 통달했네
전승의 공적은 이미 높으니
만족함을 알았으면 그치기를 바라오

與隋將于仲文詩(여수장우중문시)
神策究天文(신책구천문)하고
妙算窮地理(묘산궁지리)라
戰勝功旣高(전승공기고)하니
知足願云止(지족원운지)라 _「삼국사기」

이 시는 한국 최고의 오언고시(五言古詩)로서 612년 고구려 영
양왕 23년 을지문덕 장군이 수나라 장수 우중문에게 보낸 것

_____ 조약돌 빛 속에 새롭다

이다. 장군은 이 시를 지어 보냄으로써 우중문의 전술을 농락시키며 콧대를 꺾은 기개를 드러냈다. 단재 신채호 선생은 『을지문덕전』에서 '그 나라의 영웅을 그 민족이 모른다면 어찌 나라가 되겠는가?'라고 강조하며 을지문덕 장군은 '우리나라 역사상 으뜸가는 큰 위인'이라고 했다.

　사람의 마음에 있는 모략은 깊은 물 같으니라. 그럴지라도 명철한 사람은 그것을 길어 내느니라. 「잠언」

知止: 그칠 줄 알기

남녘 하늘 아래
길을 가며

—

달밤에 고향 길 바라보니
뜬구름은 쓸쓸히 바람 따라 가네
편지를 가는 편에 부치려 했더니
바람은 세차게 들어주지도 않고 돌아서 부네
내 나라는 하늘 끝 북녘에 있고
이 고장은 땅 모서리 서녘이라네
남방이라 기러기도 있지 않으니
누가 날 위해 계림을 향해 날아가리요

南天路 爲言(남천로 위언)
月夜瞻鄉路(월야첨향로)하니
浮雲颯颯歸(부운삽삽귀)라
緘書參去便(함서참거편)터니

風急不聽廻(풍급불청회)라
我國天涯北(아국천애북)이요
他邦地角西(타방지각서)라
日南無有雁(일남무유안)하니
誰爲向林飛(수위향림비)오

「왕오천축국전」

이 시는『왕오천축국전(往五天竺國傳)』으로 유명한 혜초(慧超, 704~787)의 기행시(紀行詩) 중의 한 편이다. 수만 리 먼 타향에서 나그네로서 외로움과 고향에 대한 그리움이 깊이 배어 있어서 읽는 이로 하여금 향수에 대한 그리움을 공감케 한다.

고향을 떠나 유리하는 사람은 보금자리를 떠나 떠도는 새와 같으니라. 「잠언」

소천(苕川)에
돌아와 살며

–

어느새 고향에 돌아와 보니
문 앞에 봄물이 흐르네
기쁜 마음으로 약초 밭둑에 다다르니
옛날처럼 고깃배들 보이네
꽃은 만발하고 숲속에 집은 고요한데
소나무 드리운 들길은 그윽하네
남쪽으로 수천 리를 노닐었건만
어디에서 이런 언덕을 얻을 수 있으리

還苕川居(환소천거)
忽已到鄕里(홀이도향리)하니　門前春水流(문전춘수류)라
欣然臨藥塢(흔연임약오)하니　依舊見漁舟(의구견어주)라
花煖林廬靜(화난임려정)한데　松垂野徑幽(송수야경유)라

南遊數千里(남유수천리)건만 何處得玆丘(하처득자구)리요

이 시는 다산(茶山) 정약용(丁若鏞, 1762~1836) 선생이 18세 때
화순 현감으로 있는 아버지를 뵙고 고향인 소천(苕川)에 돌아와
고향을 아름다움과 편안함을 노래한 5언 율시(律詩)다.

시상(詩想)의 전개를 살펴보면, 수련(首聯: 1·2구)에서는 고향
에 돌아온 선생의 현재 거처하는 모습이 나타나고, 생동감이
넘치며 잔잔하고도 신선한 강물이 흐르는 정경이 봄날과 어우
러져 아득히 펼쳐진다. 함련(頷聯: 3·4구)에서는 고향에 돌아온
기쁜 마음이 잘 나타나 있다. 고향을 떠났다가 고향을 찾았을
때의 기쁨은 고향을 떠나 본 사람이면 누구나 가질 수 있는 마
음 깊은 곳에서 우러나오는 즐거운 심정이다. 예나 지금이나
변함없이 강물은 흐르고, 약초 언덕에 올라 고기잡이배들을
바라보는 선생의 모습과 한가한 강촌 사람들의 생활 모습이 눈
에 떠오른다.

경련(頸聯: 5·6구)에서는 강의 정경만이 아니라, 주변을 둘러
보면 봄날 꽃은 화사하게 피어 해맑게 웃고 있고, 숲속에 자리
잡은 초가집은 고요하고, 소나무 드리운 들길은 운치가 있어
그윽하다. 어디를 둘러봐도 정겹고 포근한 고향 정경이요, 고
향의 냄새다. 안온한 마음을 주는 어머니 품과 같은 고향 마을
이다.

이 시의 주제는 미련(尾聯: 7·8구)에 잘 나타나 있다. 남쪽으로 수천 리를 유람하였건만 이러한 안식처를 어디서 얻을 수 있겠는가? 선생에게 있어서 세상에 둘도 없는 고향이다. 다산 선생은 이렇게 자기가 자란 고향 '소내'를 좋아하며 이 시를 지었다. 사람들은 누구나 돌아갈 본향을 찾는다. 이 시를 읽으면 고향을 찾아 편안한 안식을 누리는 삶의 여유가 있어 참으로 정겹다. 선생은 18년간 멀리 전남 강진에서 유배 생활을 하면서 마음으로 고향의 아름다움과 정겨움을 무척 사모했을 것으로 짐작이 간다.

그들이 이제는 더 나은 본향을 사모하니 곧 하늘에 있는 것이라. 이러므로 하나님이 그들의 하나님이라 일컬음 받으심을 부끄러워하지 아니하시고 그들을 위하여 한 성을 예비하셨느니라. 「히브리서」

조약돌 빛 속에 새롭다

길을 가다가

—

외로운 나그네는 날 저물어 집 찾으니
산은 깊건만 사립문은 열어 두네
닭 울어 떠날 길을 물어보는데
노란 잎새 정처 없이 흩날리는구나

途中(도중)
日入投孤店(일입투고점)하니
山深不掩扉(산심불엄비)라
鷄鳴問前路(계명문전로)하니
黃葉向人飛(황엽향인비)라

이 시는 조선 중기의 문인 석주(石洲) 권필(權韠)의 시다. 나그
네의 모습이 눈이 선하다. 날이 저물어 외로운 나그네는 묵을

곳을 찾는다. 깊은 산속이라 인적은 드물어 사립문을 닫을 필요가 없다. 새벽에 닭이 울어 떠날 길을 물어 길을 떠난다. 노랗게 물든 잎은 정처 없이 떨어져 나그네의 심수를 달랜다. 우리는 모두가 나그네 인생이다. 길을 떠나야 한다. 낙엽이 바람에 날려 흙으로 돌아가듯, 우리도 흙으로 돌아가야 한다.

우리의 연수가 칠십이요 강건하면 팔십이라도 그 연수의 자랑은 수고와 슬픔뿐이요 신속히 가니 우리가 날아가나이다.

「시편」

____ 조약돌 빛 속에 새롭다

종남산에서
헤어지는 일

—

길 가다가 물이 다하는 곳에 이르러
앉아서 구름 일어나는 때를 보노라
우연히 숲속의 노인을 만나
담소하느라 돌아갈 때를 잊었네

終南別業(종남별업)
行到水窮處(행도수궁처)에
坐看雲起時(좌간운기시)라
偶然値林叟(우연치림수)하여
談笑無還期(담소무환기)라

이 시는 당나라 시인 왕유(王維)가 지은 것으로 나그네의 정
취를 읊고 있다. 우리의 삶을 나그네 인생에 비유한다. 물이

다한 먼 길을 가다가 쉬어 가며 구름이 일어나는 정경을 바라보는 것은 여정(旅程)의 즐거움이다. 더없이 좋은 일은 여행 중에 마음을 터놓고 이야기를 주고받을 수 있는 사람을 만난다는 것이다. 3구(句)에 나오는 숲에 사는 노인은 인생의 많은 경험으로 원숙한 경지에 다다른 사람으로 보인다. 노인과 만나 나눈 담소는 서로의 마음을 시원하게 해 주었을 것이다. 그러기에 돌아갈 기약마저 잊어버렸다고 읊고 있는 것이다.

사랑하는 자들아 거류민과 나그네 같은 너희를 권하노니 영혼을 거슬러 싸우는 육체의 정욕을 제어하라. _「베드로전서」

가을비

—

가을바람에 오직 괴롭게 읊조리니
세상에서 나를 알아주는 이 적구나
창밖에는 삼경의 밤비가 내리고
등불 앞에 내 마음은 만 리 밖으로 달리는구나

秋夜雨中(추야우중)
秋風唯苦吟(추풍유고음)하니
世路少知音(세로소지음)이라
窓外三更雨(창외삼경우)요
燈前萬里心(등전만리심)이라

　신라 말기의 문장가인 고운(孤雲) 최치원(崔致遠) 선생의 오언 절구다. 비 오는 가을날, 자신의 외로운 심경을 노래한 시다.

이 시는 당나라에 유학하여 고국을 그리는 마음을 노래했다는 설(說)과 귀국 후에 어려운 현실을 떠나 이상향을 향한 작자의 심회를 호소한 시라는 두 가지 설(說)이 있다. 귀국 후의 작품으로 보는 것은 그의 대표적인 시문집인 『계원필경(桂苑筆耕)』에 수록되어 있지 않고, 그의 시 경향으로 보아 귀국 후의 작품으로 보는 것이다. 따라서, 4구(句)의 만리심(萬里心)에 대한 해석도 고국을 그리워하는 마음과 나라가 혼란하여 몸과 마음을 의탁할 곳을 그리워하는 마음이라는 두 가지로 해석해 볼 수 있다.

나는 광야의 올빼미 같고 황폐한 곳의 부엉이같이 되었사오며 내가 밤을 새우니 지붕 위의 외로운 참새 같으니이다.

_「시편」

임을 보내며

—

비 개인 긴 강둑에 풀빛은 푸르고
남포에서 임을 보내니 슬픈 노래가 울려나네
대동강 강물은 언제쯤 다할지?
해마다 이별 눈물 푸른 물결에 더해지니

送人(송인)
雨歇長堤草色多(우헐장제초색다)하니
送君南浦動悲歌(송군남포동비가)라
大洞江水何時盡(대동강수하시진)고
別淚年年添綠派(별루년년첨록파)라

이 시는 고려 인종 때, 문인(文人)이자 정치가였던 정지상(鄭
知常)의 시로 순수한 이별의 정서를 잘 나타낸 시다. 비는 눈물로 연상되고 긴 강둑은 임과 이별의 정한이 깊은 것을 떠올리게 하는 배경이 된다. 임을 보내는 남포 나루에 슬픈 노래가 울려 퍼지고 하염없이 흐르는 대동강 강물은 보내는 사람의 마음을 아는지 모르는지, 야속한 강물이 마르기를 탓해 보지만 속절없이 흐르기만 하고, 해마다 이 강물에서 떠나보낸 임에 대한 이별의 눈물로 푸른 물결은 더욱 넘실대고만 있으니, 이별로 인한 슬픔이 물결마다 사무쳐 있다.

예로부터 시인들이 관심과 사랑을 받아 온 시로 한시(漢詩) 가운데 명작으로 일컬어지는 작품이다.

웃을 때에도 마음에 슬픔이 있고 즐거움의 끝에도 근심이 있느니라. 「잠언」

말 못 하고
헤어짐

—

열다섯 아리따운 아가씨
부끄러워 말 못 하고 헤어졌다네
돌아와 중문을 닫고서는
배꽃 사이 달을 보며 눈물 흘리네

無語別(무어별)
十五越溪女(십오월계녀)가
羞人無語別(수인무어별)이라
歸來掩重門(귀래엄중문)하고
泣向梨花月(읍향이화월)하네

　작자 임제(林悌)는 조선 중기의 시인으로 송순(宋純)·정철(鄭
澈) 등과 함께 한 시대를 풍미(風靡)했던 풍류남아요, 재사(才士)

로 일컬어진다. 열다섯 살의 아리따운 아가씨가 사랑하는 사람에게 사랑을 고백하지 못한 채, 헤어져 돌아와서는 겹문을 닫고서 배꽃에 진 달을 보며 눈물짓는다는 내용의 시다.

열다섯 살 소녀의 청순한 사랑과 애틋한 마음이 잘 나타나 있다. 이 시는 작자의 자유분방함과 낭만적 기질이 잘 나타나 있는 작품으로 보인다. 남녀 간의 사랑을 마음껏 표현할 수 없는 억압된 시대 상황에서 마음 아파하는 여인의 사랑을 노래한 수작(秀作)이다.

남자들 중에 나의 사랑하는 자는 수풀 가운데 사과나무 같구나. 내가 그 그늘에 앉아서 심히 기뻐하였고 그 열매는 내 입에 달았도다. 「아가」

—

온다고 해 놓고서 어찌하여 늦으시나?
뜨락의 매화는 지려 하는데
문득 가지 위에 까치 소리 들리니
부질없이 거울 속에 눈썹 그리네

閨情(규정)
有約來何晚(유약래하만)고
庭梅欲謝時(정매욕사시)라
忽聞枝上鵲(홀문지상작)하니
虛畵鏡中眉(허화경중미)라

이 시는 조선 선조 때의 여류시인 옥봉 이씨(玉峯 李氏)의 시
다. 조원(趙瑗)의 소실이었던 작자가 조원을 그리워하며 지은

것이다. 사랑하는 임을 그리워하는 마음이 잘 나타나 있다. 온
다고 해 놓고서 오지 않는 야속한 임이다. 반가운 소식을 전해
준다는 까치 소리를 들으니 '행여나 오늘이면 오지 않을까?' 하
는 기다림으로 예쁘게 단장하는 여인의 그리움이 애틋하게 묻
어난다.

　이에 내가 일어나서 성안을 돌아다니며 마음에 사랑하는 자
를 거리에서나 큰 길에서나 찾으리라 하고 찾으나 만나지 못하
였노라. ⌜아가⌟

아침 꽃 저녁에 줍다

부벽루

—

엊그제 영명사를 지나다가
잠시 부벽루에 올랐더라
성은 비었는데 달은 한 조각 떠 있고
돌은 해묵어도 구름은 천년이나 지금이나
기린(麒麟)은 가고서 돌아오지 않고
천손(天孫)은 어디에서 노니는 건가
바람 부는 돌계단에 의지해 길게 휘파람 부니
산은 푸르고 강물은 절로 흐르네

浮碧樓(부벽루)
昨過永明寺(작과영명사)하니
暫登浮碧樓(잠등부벽루)라
城空月一片(성공월일편)이요

石老雲千秋(석로운천추)라
麟馬去不返(인마거불반)하고
天孫何處遊(천손하처유)오
長嘯倚風磴(장소의풍등)하니
山青江自流(산청강자류)라
「목은집」

이 시는 목은(牧隱) 이색(李穡, 1328~1396) 선생이 평양의 부벽
루를 소재로 고려 역사를 회고(懷古)하며 부흥(復興)의 염원(念願)
과 아울러 자연의 영원함과 인간의 유한함을 노래하고 있는 뛰
어난 작품이다. 5구(句)에 나오는 기린(麒麟)은 고구려를 세운
동명왕(東明王)이 타고 하늘로 올라갔다는 상상으로 전해져 오
는 기린마(麒麟馬)다. 6구(句)에 천손(天孫)은 하늘로부터 왔다는
동명왕을 일컫는다.

큰 성이 세 갈래로 갈라지고 만국의 성들도 무너지니 큰 성
바벨론이 하나님 앞에 기억하신 바 되어 그의 맹렬한 진노의
포도주 잔을 받으매 각 섬도 없어지고 산악도 간데없더라.
「요한계시록」

강마을

—

맑은 강 한 굽이 마을을 감싸고 흐르는데
긴 여름 강마을은 일마다 한가롭다
스스로 가고 오는 것은 마루 위에 제비요
서로 친하고 가까이 지내는 것은 물속의 갈매기라
늙은 아내는 종이에 그림을 그려 바둑판을 만들고
어린 아들은 바늘을 두드려 낚시 바늘을 만드는구나
병이 많아 요구되는 것은 오직 약물뿐
미천한 몸이 이것(약물) 외에 다시 무엇을 구하리오

江村(강촌)
淸江一曲抱村流(청강일곡포촌류)하니
長夏江村事事幽(장하강촌사사유)라
自去自來堂上燕(자거자래당상연)이오

相親相近水中鷗(상친상근수중구)라
老妻畵紙爲棋局(노처화지위기국)하고
稚子敲針作釣鉤(치자고침작조구)라
多病所須唯藥物(다병소수유약물)이니
微軀此外更何求(미구차외갱하구)아

중국 최고(最高)의 시인으로 일컬어지는 시성(詩聖) 두보(杜甫, 711~770)의 「강촌(江村)」이라는 시다. 두보는 평생 벼슬할 뜻을 품고 있었으나 뜻을 얻지 못하고 유랑 생활을 하던 시인이었다. 두보가 48세 때, 안사(安史)의 난을 피해 성도(成都)로 와서 3년간 살았는데, 서쪽 교외 완화계(浣花溪) 옆에 완화초당(浣花草堂)을 세우고, 가족과 함께 비교적 안온하게 생활하며 보냈다. 이 시는 이때 지은 작품이다. 강마을의 평온한 정취를 느낄 수 있으며, 아내는 바둑판을 만들고, 어린 자녀는 낚시 바늘을 만들면서 지내는 가족의 생활이 정답게 펼쳐진다. 강촌에서 자족하는 삶을 노래한 시다.

사람이 새로이 아내를 맞이하였으면 그를 군대로 내보내지 말 것이요 아무 직무도 그에게 맡기지 말 것이며 그는 일 년 동안 한가하게 집에 있으면서 그가 맞이한 아내를 즐겁게 할지니라. 「신명기」

달빛
밝은 밤에

─

달은 하늘 가운데 머무르고
바람은 물 위를 스치는데
이런 상쾌한 맛을
아는 이는 적을 거야

淸夜吟(청야음)
月到天心處(월도천심처)에
風來水面時(풍래수면시)라
一般淸意味(일반청의미)를
料得少人知(요득소인지)라

이 시는 송나라 철학자 소옹(邵雍)이 지은 것이다. 그는 여러
번 관직을 제수받았으나 모두 마다하고 허난(河南) 교외의 초라

한 은둔처에서 친구들과의 교유와 명상으로 세월을 보냈다고 한다. 이 시는 작자의 이런 생활과 잘 어울린다. 달 밝은 밤에 강물 위로 시원한 바람이 부는 것은 누구나 겪을 수 있는 일반적인 일이다. 그러나 아무나 그런 상쾌한 맛을 느끼며 누리며 사는 것은 아니다. 맑고 때 묻지 않은 한 편의 아름다운 시다.

여호와의 산에 오를 자가 누구며 그의 거룩한 곳에 설 자가 누구인가 곧 손이 깨끗하며 마음이 청결하며 뜻을 허탄한 데에 두지 아니하며 거짓 맹세하지 아니하는 자로다. 「시편」

봄비

—

봄비 보슬보슬 듣지 않더니
밤중에 가만가만 소리 나누나
눈 녹은 남녘 시내 물이 넘치고
풀싹도 파릇파릇 돋아나겠지

春雨(춘우)
春雨細不滴(춘우세부적)터니
夜中微有聲(야중미유성)이라
雪盡南溪漲(설진남계창)하니
草芽多少生(초아다소생)이라

이 시는 포은(圃隱) 정몽주(鄭夢周, 1337~1392) 선생이 봄을 노
래한 것이다. 새봄의 생동감이 잘 나타나 있으며 선생의 마음

밭이 얼마나 맑고 신선한지 가늠할 수 있는 시다. 선생의 높은 지조와 기개가 때 묻지 않는 이런 마음에서 우러나온 것임을 깨닫게 한다.

여호와께서 너희의 땅에 이른 비, 늦은 비를 적당한 때에 내리시리니 너희가 곡식과 포도주와 기름을 얻을 것이요.

「신명기」

쓸쓸히 나뭇잎 지는 소리를
성글은 빗소리로 잘못 알고
스님 불러 문을 나가 보라 했더니
달만 시내 남쪽 나무에 걸렸다나

山寺夜吟(산사야음)
蕭蕭落木聲(소소낙목성)을
錯認爲疎雨(착인위소우)라
呼僧出門看(호승출문간)하니
月掛溪南樹(월괘계남수)라 하네

　송강(松江) 정철(鄭澈, 1536~1593) 선생의 시다. 가을밤 산사(山
寺)의 고요한 정경(情景)을 떠올리게 된다. 쓸쓸히 낙엽이 지는 소리를 빗소리로 잘못 알고, 동자승에게 비가 오는지 알아보게 한다. 동자승의 대답이 생뚱맞다. 달만 밝아서 남쪽 시내 나뭇가지에 걸려 있다고 한다. 시를 감상하다 보면, 한 폭의 그림이 떠오른다. 시중유화(詩中有畵)라고 할 만하다.

나는 빛도 짓고 어둠도 창조하며 나는 평안도 짓고 환난도 창조하나니 나는 여호와라. 이 모든 일들을 행하는 자니라 하였노라. 「이사야」

_____ 조약돌 빛 속에 새롭다

산속에서
묻고 답하다

─

어째서 푸른 산에 깃들이고 사느냐고 나에게 물어보기에
웃기만 하고 대답지 않아도 마음만 스스로 한가하네
복사꽃 물을 따라 아득히 흘러가니
인간세계가 아니고 별천지라네

山中問答(산중문답)
問余何事捿碧山(문여하사서벽산)고
笑而不答心自閑(소이부답심자한)이라
桃花流水杳然去(도화유수묘연거)하니
別有天地非人間(별유천지비인간)이라

　당나라 시인 이백(李白, 701~762)을 시선(詩仙)이라고 한다. 호
방하면서도 세상에 얽매이지 않는 그의 세계가 이 시에도 잘

나타나 있다. 푸른 산에 들어와 사는 까닭을 물어보는 사람에게 다만 웃기만 할 뿐, 대답을 해 주지 않는다. 대답을 해 준들 상대방이 이해를 할 수 없을 것이기에 대답이 부질없는 것이다. 내 마음은 오히려 대답을 해 주지 않고, 스스로 나를 이해하면서 마음에 평안이 온다. 세상은 나를 알아주지 않아도 내가 나를 알아주니 얼마나 마음으로 부유한 삶인가. 그곳이 자신의 이상향(理想鄕)인 별천지(別天地)라고 작자는 노래하고 있다.

사람이 해 아래에서 행하는 모든 수고와 마음에 애쓰는 것이 무슨 소득이 있으랴. 일평생에 근심하며 수고하는 것이 슬픔뿐이라. 그의 마음이 밤에도 쉬지 못하나니 이것도 헛되도다. 사람이 먹고 마시며 수고하는 것보다 그의 마음을 더 기쁘게 하는 것은 없나니 내가 이것도 본즉 하나님의 손에서 나오는 것이로다. 「잠언」

_____ 조약돌 빛 속에 새롭다

천왕봉

—

천석종을 보게나
크게 치지 않으면 소리도 없다네
만고의 천왕봉은
하늘이 울어도 울지 않을 듯하네

天王峰(천왕봉)
請看千石鐘(청간천석종)하세
非大拷無聲(비대고무성)이라
萬古天王峰(만고천왕봉)은
天鳴有不鳴(천명유불명)이라

이 시는 지리산의 주봉(主峰)인 천왕봉을 남명(南冥) 조식(曺植, 1501~1572) 선생이 노래한 것이다. 남명 선생은 지리산 기슭,

산청군 시천면에서 강학(講學)하며 후학(後學)들을 길러 냈다. 그의 학문적 태도는 실천적 삶을 강조했으며 철저한 절제 생활로 불의와 타협하지 않고, 당시의 사회 현실과 정치적 모순에 대해 비판적 자세를 가졌다. 이 시는 지리산 천왕봉의 웅장한 모습을 천석종에 비유하여 읊은 것이다. 선생의 웅혼(雄渾)한 기개(氣槪)를 엿볼 수 있다.

　　말일에 여호와의 전의 산이 모든 산꼭대기에 굳게 설 것이요 모든 작은 산 위에 뛰어나리니 만방이 그리로 모여들 것이라.

「이사야」

조약돌 빛 속에 새롭다

초막 치고
마을에 살다

—

초막 치고 마을에 살고 있으니
수레의 시끄러움도 모르겠노라

그대에게 묻노니 어찌 그럴 수 있는가?
마음이 속세에 멀어지니 사는 땅이 절로 외지구나

동쪽 울타리 아래에서 국화를 따노라니
아득히 남산이 눈에 들어오네

산색(山色)은 저녁이 되어 아름다운데
새들은 물물이 숲으로 날아드네

이 속에 참된 자연의 뜻 들어 있으니

말하고자 하여도 이미 말을 잊었노라

雜詩(잡시)

結廬在人境(결려재인경)하니   而無車馬喧(이무거마훤)이라
問君何能爾(문군하능이)오   心遠地自偏(심원지자편)이라
採菊東籬下(채국동리하)하여   悠然見南山(유연견남산)이라
山氣日夕佳(산기일석가)한데   飛鳥相與還(비조상여환)이라
此中有眞意(차중유진의)하니   欲辨已忘言(욕변이망언)이라

　작자 도연명(陶淵明, 365~427)은 중국 동진(東晉)의 대시인이
다. 전원(田園)으로 돌아가 술과 국화를 사랑하였는데 늦게 오
른 관직을 벗어 버리고 전원으로 돌아가면서 부른 노래「귀거
래사(歸去來辭)」로 유명하다. 이 시도 속세를 멀리하여 초막에서
살면서 부귀와 공명으로 시끄러운 세상을 떠나 자연 속에 묻혀
사는 삶의 즐거움을 노래하고 있다. 동쪽 울타리 아래에서 국
화를 따며 아득히 남산을 바라보며 자신의 인생을 즐긴 구절은
유명하다. 저녁에 숲으로 돌아오는 새들의 모습을 바라보며
우리들의 삶도 돌아갈 곳이 자연의 품인 것을 노래하고 있다.
돌아갈 본향(本鄕)이 사람마다 다르다. 하나님의 품이 가장 좋
다고 믿고 산다.

이 세상이나 세상에 있는 것들을 사랑하지 말라. 누구든지 세상을 사랑하면 아버지의 사랑이 그 안에 있지 아니하니 이는 세상에 있는 모든 것이 육신의 정욕과 안목의 정욕과 이생의 자랑이니 다 아버지께로부터 온 것이 아니요 세상으로부터 온 것이라. 「요한1서」

뜻을 진술함

―

시냇물에 다다른 띳집에서 홀로 한가하게 사니
달은 밝고 바람도 시원한데 흥취도 넉넉하다
길손은 오지 않고 산새만 지저귀는데
평상을 대나무 언덕으로 옮겨 누워 책을 보네

述志(술지)
臨溪茅屋獨閑居(임계모옥독한거)하니
月白風淸興有餘(월백풍청흥유여)라
外客不來山鳥語(외객불래산조어)하니
移床竹塢臥看書(이상죽오와간서)라

  달도 밝고 바람도 시원한 밤에 조용히 책을 읽는 즐거움을
노래하고 있다. 독서의 즐거움은 책과 함께 대화하는 즐거움

이다. 이때 다른 사람의 방해를 받지 않는다는 좋은 점이 있다. 책 속에서 자신을 찾아가는 즐거움은 책을 읽는 자만이 느낄 수 있는 행복이다. 고려 말, 조선 초의 학자인 길재(吉再, 1353~1419) 선생의 작품이다.

이 율법 책을 네 입에서 떠나지 말게 하며 주야로 그것을 묵상하여 그 안에 기록된 대로 다 지켜 행하라. 그리하면 네 길이 평탄하게 될 것이며 네가 형통하리라. _「여호수아」

계곡으로
물러남

–

몸이 물러나면 어리석은 분수(分數)에서 평안을 얻고
학문에서 물러나면 늙어서 근심만 늘어 가네
시냇가에 비로소 거처를 정하니
이곳에서 날로 자신을 살펴볼 수 있네

退溪(퇴계)
身退安愚分(신퇴안우분)이요
學退憂暮境(학퇴우모경)이라
溪上始定居(계상시정거)하니
臨溪日有省(임계일유성)이라
_「퇴계선생문집」

퇴계 이황(李滉) 선생이 자신의 호에 맞는 시를 지은 작품이

다. 부귀공명을 다투는 관직에서 물러나 자연에 몸을 맡겨 자
신을 성찰하며 학문에 정진하는 맛을 깨닫게 하는 노래다. 몸
은 세상사 공명에서 벗어날 때 평안이 있고, 학문은 게을리하
면 나이가 들수록 근심 속에서 살기 때문에, 자연으로 돌아와
서 학문에 정진해야 함을 깨우치고 있는 것이다.

육신의 생각은 사망이요 영의 생각은 생명과 평안이니라.

「로마서」

금강산

―

지팡이 짚고 높은 산봉우리에 오르니
사방에서 바람은 길게 불어오네
푸른 하늘은 머리 위의 모자요
푸른 바다는 손안에 술잔이로다

金剛山(금강산)
曳杖陟崔嵬(예장척최외)하니
長風四面來(장풍사면래)라
靑天頭上帽(청천두상모)요
碧海掌中杯(벽해장중배)라

이 시는 율곡(栗谷) 이이(李珥, 1536~1584) 선생이 금강산에 올
라 푸른 하늘과 바다를 바라보며 대자연의 정경을 노래한 것이

＿＿ 조약돌 빛 속에 새롭다

다. 3구와 4구에서 푸른 하늘을 모자와 푸른 바다를 술잔에 비
유한 것은 예사롭지 않다. 자연과 어우러지는 인간의 모습이
잘 함축되어 있다.

보라 산들을 지으며 바람을 창조하며 자기 뜻을 사람에게 보
이며 아침을 어둡게 하며 땅의 높은 데를 밟는 이는 그의 이름
이 만군의 하나님 여호와시니라. 「아모스」

惟喜悅主之津法晝夜思維
似此之人即爲有福彼如樹
木植於溪旁臨時結果其
葉不枯所爲之事無不亨通

主後二千十五年 詩篇一篇中 泉甫 李三愛

惟喜悅主之律法 晝夜思維(유희열주지율법 주야사유)

似此之人 卽爲有福(사차지인 즉위유복)

彼如樹木植於溪旁(피여수목식어계방)

臨時結果 其葉不枯(임시결과 기엽불고)

所爲之事 無不亨通(소위지사 무불형통)

_ 主後二千十五年(주후이천십오년: 주님 오신 후 2015년)

詩篇一篇中(시편일편중: 시편 일편 가운데) 泉甫(천보) 李二燮(이이섭)

오직 여호와의 율법을 즐거워하여 그의 율법을 주야로 묵상하는도다. 그는 시냇가에 심은 나무가 철을 따라 열매를 맺으며 그 잎사귀가 마르지 아니함 같으니 그가 하는 모든 일이 다 형통하리로다. 「시편」 1:2-3

간혹 한시를 짓고 싶을 때가 있다. 쓰고 몇 번을 다듬어 보고 글자를 바꾸고 평측(平仄)을 맞추느라 애를 쓴다. 부끄러움을 무릅쓰고 나름대로 짜낸 것이지만 읽는 분들에게 보여 드리고 싶다. 현대시는 내 마음 내키는 대로 읊조린 것이라 제대로 된 시라고 보기는 어려울 것 같다. 쓴 사람의 마음만 읽어 주시면 된다.

5부

내 마음으로
읊조린 노랫말

권금성에
올라

—

멀리 설악산의 권금성에 오르니

구름 낀 험준한 산봉우리 높음을 서로 다투네

신록의 숲속에는 꽃이 활짝 피었고

깊은 계곡에는 물이 더욱 맑구나

망망한 동해는 아득히 나타나 보이고

첩첩한 절벽은 기묘하게 이루어졌네

하나님께서 조성한 자연은

수려하고 웅장하여 끝없이 융성하네

上權金城(상권금성)

遠登雪嶽權金城(원등설악권금성)하니

嚴峻雲峰爭互嶸(엄준운봉쟁호영)이라

新綠林中花滿開(신록임중화만개)요

深山溪谷水尤淸(심산계곡수우청)이라
茫茫東海遙然見(망망동해요연현)이요
疊疊絶崖奇妙成(첩첩절애기묘성)이라
上帝造成山水界(상제조성산수계)는
秀華雄壯無垠盛(수화웅장무은성)이라

　권금성은 강원도 속초시 설악동 남쪽에 있는 석축산성이다.
2003년도 5월에 올라가서 하나님의 창조의 손길의 위대함을
느끼며, 당시의 경치와 느낌을 적다.

봄볕이
세상에 가득함

一

비 갠 아침 정원 새는 지저귀고
꽃과 풀은 비 그치니 아름답구나
이 세상에 가난한 자 부유한 자 섞여 살지만
봄볕은 모든 집에 가득 비추네

春陽滿天(춘양만천)
晴朝鳥噍庭(청조조초정)이요
花草雨止嘉(화초우지가)라
塵世混貧富(진세혼빈부)나
春陽滿萬家(춘양만만가)라
_2016. 4. 7 作 ＊ 噍: 지저귀다 초

봄비가 내리고 난 아침에 날이 개면서 맑은 아침이 찾아왔다. 화창한 봄볕이 내리면서 정원에서 들려오는 새소리는 정신을 맑게 한다. 비 그친 뒤 화초는 더욱 싱그럽고 약동하는 봄의 기운은 만물을 꿈틀거리게 한다. 도시의 아침나절은 시작되고 인간의 욕심으로 가득 찬 복잡하고 어수선한 이 세상에 하늘 높이 솟은 빌딩과 크고 작은 집들이 눈에 들어온다. 가난한 자와 부유한 자가 섞여 사는 도시에 어렵게 살아가는 사람들의 모습이 가슴 아프게 다가온다. 하지만 하나님께서 주시는 따뜻한 봄볕은 어느 가정에나 내리고 있다는 사실이다.

비봉산 꼭대기의 노래

—

청풍호반에 흰 구름 한가한데
산봉우리는 호수를 두르고 겹으로 물이 둘러쌌네
만약 잠시 도원경을 유람하고 싶다면
그대에게 권하노니 비봉산 꼭대기에 오르세

飛鳳山頂歌(비봉산정가)
淸風湖畔白雲閑(청풍호반백운한)한데
峰疊繞湖重水環(봉첩요호중수환)이라
若願暫遊桃源境(약원잠유도원경)이면
勸君登頂飛鳳山(권군등정비봉산)이라
_2015년 8월 作

비봉산은 충청북도 제천시 청풍면 연곡리에 있는 산이다. 높이는 531m. 청풍호에 둘러싸여 있어 산에서의 조망이 시원하고 아름답다. 사방(四方)으로 산이 호수를 둘러싸고 있으며, 다시 호수는 비봉산을 둘러싸고 있다. 산과 호수가 어우러진 절경이라 할 만하다. 이곳에 올라 마음 가는 대로 읊조려 보다.

淸風湖畔白雲甬峯
疊疊湖重水環吳顧
輶遊壺源境勸只登
頂飛鳳山 泉甫 李三燮

_____ 조약돌 빛 속에 새롭다

검단산 위에서
동쪽을 바라보다

—

검단산 위에서 동쪽을 바라보니
남한강 북한강이 서로 합쳐져 아름답구나
민족이 둘로 나뉜 것을 모두가 통탄해하니
정성껏 바라기는 통일이 흐르는 저 물 같았으면

望于黔丹山(망우검단산)
黔丹山上觀東方(검단산상관동방)하니
南北漢江相合美(남북한강상합미)라
民族兩分皆痛嘆(민족양분개통탄)하니
懇祈統一若流水(간기통일약류수)라
_2003년 作

하남시 동쪽에 있고 한강 남쪽에 있는 산이 검단산이다. 산상에서 바라보면 남북한강의 아름다움이 멀리 펼쳐진다. 두 강이 합쳐져서 서울로 흘러 내려가는 유구한 강물의 흐름처럼 문득 분단의 아픔과 통일에 대한 염원이 떠올라서 지어 본다.

_____ 조약돌 빛 속에 새롭다

예수님 찬양

—

구세주 예수여
몸소 우리를 구원하여 주심을 찬양합니다
주님을 믿고 또 순종하면
영생의 길이 활짝 열려 있습니다

讚揚耶穌(찬양야소)
救世主耶穌(구세주야소)여
讚揚親救吾(찬양친구오)니이다
信其又順從(신기우순종)하면
開豁永生途(개활영생도)라

* 耶穌(야소): YESU(예수)의 음(音)대로 한자를 가차(假借)하여 표기한 것임.
* 豁(활): 활짝 열리다.

하나님이 세상을 이처럼 사랑하사 독생자를 주셨으니 이는 그를 믿는 자마다 멸망하지 않고 영생을 얻게 하려 하심이라.

「요한복음」 3:16

항상 예수님에 대한 한시를 짓고 싶은 마음은 있는데 모자라는 능력이라 세월을 보내다가, 2020년 10월 대학 친구들과 직접 얼굴을 보며 자주 만나지 못하고 카톡방에서 일상의 삶을 소개하며 지낼 때다. 한시에 대한 글을 올리다가 오랜만에 예수님에 관한 한시를 지었고, 친구들에게 창조주 하나님과 예수님을 소개할 때 처음으로 발표해 본 시다. 2020년은 전염병 코로나19로 전 세계가 몸살을 앓고 있는 때다.

_____ 조약돌 빛 속에 새롭다

산수유

—

그토록 오랜 기다림에
반가운 웃음으로
노오란 얼굴만 내밀다

매서운 눈보라 속에
몸을 떨던 아픔의 시간은 얼마던가?
꽃피우기 위한 이날을 위해
고통은 아스라이 잊고
고운 얼굴 내밀고 찾아왔으니
기쁘다

가지가지마다
꽃떨기 떨기마다

지나간 사람들의 만남과 얼굴을 새겨 본다
꽃떨기 하나하나에 감사를
꽃떨기 하나하나에 은혜를
떠올린다
_2018.3.28 作

봄에 먼저 피는 산수유 꽃을 바라보며 짓다. 꽃을 바라보는
동안 살아오면서 만난 사람들의 모습이 떠오르고 모두가 귀한
분들이었음을 느끼게 된다.

4월의 바람

—

4월의 바람은
희망을 노래하는 바람이다
춥지도 덥지도 않은 밥맛 같은 바람이다

라일락꽃 바람 속에
잠자고 있는데
이팝나무 새순들은
눈 비비며 늦잠에 놀라고
민들레는 귀 기울이며 새소리를 듣는다

바람이 살며시 가슴으로 들어오니
하늘로 날아오르는 힘찬 새를 바라보다
_2018. 4. 13 作

사월의 바람은 늘 먹어도 물리지 않는 밥맛 같은 바람이다.
생동하는 계절에 희망을 주고 힘을 북돋우어 주는 바람이다.

_____ 조약돌 빛 속에 새롭다

코스모스

—

풀숲에 자란 코스모스
분홍빛 얼굴로
하늘을 바라본다
흰 구름 떠가는 곳
그리움을 싣는다

가는 몸 바람에 날리며
기쁨을 노래하는데
춤을 추는 의미를
사람들은 모르건만
풀벌레는 화답하니
나도 귀를 기울여 보네
_2019. 10. 16 作

춤을 추는 코스모스는 창조주 하나님을 찬양하고 풀벌레도 화답한다. 바람을 곳간에서 내시며, 해로 낮을, 달과 별로 밤을 주관하게 하신 창조주 하나님을 찬양하는 마음이 가슴에 우러난다.

_____ 조약돌 빛 속에 새롭다

평생 친구

—

눈썹달 서쪽 밤하늘에 떴습니다
한 달 만에 떴습니다
옆에 밝은 별과 같이 떴습니다

달은 별에게 묻습니다
"너는 이름이 왜 별이냐?"라고
별은 달에게 이야기합니다
"너는 모양이 왜 눈썹처럼 생겼냐?"라고

그리고 서로 "하하", "허허" 웃습니다

달은 별에게 또 말을 건넵니다
"나는 네가 있어 외롭지 않다"라고

별은 달에게 답합니다
"나는 네가 있어 더 빛난다"라고

그리고 서로 "허허", "하하" 웃습니다

오늘 밤에도
눈썹달과 별이 같이 떴습니다
_2019. 11. 29 作

별이 되고
꽃이 되고

—

밤하늘에는
별이 있어 아름답다

이 세상은
꽃이 있어 아름답다

나는
별이 되고
꽃이 되고 싶다

너도
별이 되고
꽃이 되었으면 좋겠다

_2016. 4. 9 作

우리 모두는 별이 되고 꽃이 되었으면 좋겠다.

예수님
이 땅에 오셨네

–

유대 땅
예루살렘에
빛이 찾아왔네
어둠이 가시고 광명한 새날이 밝아 오네

요셉과 마리아가 정혼하고 동거하기 전에
성령으로 잉태한 아기가 태어났으니 이름하여
'예수'
"그가 자기 백성을 저희 죄에서 구원할 자."라 하시네
'임마누엘'
"하나님이 우리와 함께하신다."는 이름을 주셨네

동방박사들은

조약돌 빛 속에 새롭다

그의 별을 보고 그에게 경배하려 왔네
별 따라 아기 있는 곳에서
별을 보고 가장 크게 기뻐하고 기뻐했네
아기께 경배하고 보배 함을 열어 세 가지 예물을 드리네

"유대 땅 베들레헴아
너는 유대 고을 중에 가장 작지 아니하다." 하시네
"너에게 한 다스리는 자가 나와서 내 백성 이스라엘 목자가
된다." 하시네

주의 인도하심은 아기 예수 해치려는 헤롯의 검은 손을 물리
치셨네
나사렛 사람이라 칭하리라는 선자자의 말씀대로
나사렛 동네에서 어린 시절을 보내네

요한의 세례를 받으시고 사단의 시험을 이겨 내고
제자들을 부르시어 하나님의 나라를 전파하시네.

귀신 들린 사람에게 귀신 쫓아내고
병든 사람 손잡아 일으키시며
이곳저곳 다니시며 전도하시고

"이 일 위하여 왔노라."고 말씀하셨네

나병 환자 깨끗케 하시고
중풍 병자 사(赦)하시고
"의인 부르러 온 것 아니요
죄인 부르러 왔노라." 하셨네

열두 제자 세우시고 함께 있게 하시고
말씀을 가르치며 권세도 주셨도다

하나님 나라를 비유로 말씀하사
보아도 알지 못하고 들어도 깨닫지 못하게 하여
죄사(罪赦)함을 얻지 못하게 하여
하나님 나라의 비밀을 누구에게 다 준 것 아니네

바다를 잠잠케 하시고
옷에 손댄 믿음 보시고
"믿음이 너를 구원하였다." 하시네
"달리다굼" 하시며
"소녀야 내가 네게 말하노니 일어나라."라고 말씀하셨네

목자 없는 양같이 무리를 둘러보시고 불쌍히 여기사
빈들에서 오천 명을 배불리 먹이시고
물 위를 거니시사 제자들에게 다가가 안심시키시네

수로보니게 여인의 믿음을 크다고 칭찬하시고
귀먹고 말 못하는 자에게
"에바다" 하시며 맺힌 것을 열어 주셨고
눈먼 자의 눈을 고쳐 보게 하셨도다

높은 산에 올라
제자 앞에서 변형되사
하나님의 아들 됨을 알게 하시고
죽은 자 가운데에서 살아날 것을 알려 주셨네

어린아이를 용납하시고
하나님의 나라는 어린아이처럼 받드는 나라임을 깨우치시고
"가난한 자들에게 나누어 주라 하늘의 보화가 있다."라고 하시네
"인자(人子)의 온 것은 섬김을 받으려 함이 아니요
도리어 섬기려 하고
자기 목숨을 많은 사람의 대속물(代贖物)로 주려 함이라." 하시네

"네 마음을 다하고 목숨을 다하고 뜻을 다하고 힘을 다하여
주 너의 하나님을 사랑하고
네 이웃을 네 몸과 같이 사랑하라." 하시며
이에서 더 큰 계명이 없다 하시네

가난한 과부의 연보와
순전한 나드 한 옥합의 향유를 받으시고
죽으시기 전에 제자들과 함께 만찬을 베푸시네
죽기 전에 마음이 심히 고민하여
이 잔을 네게서 옮기시옵소서
그러나 나의 원대로 마옵시고 아버지의 원대로 하시라고 기
도하시네

군병들의 조롱을 당하시고
십자가에 못 박히시네
그가 자기 백성을 죄에서 구원하신다는 약속을 이루시네
십자가에 달려 죽어야 할 내 죽음을 바라보네
거기에 내가 있지 않고 주님이 계시네

하나님의 사랑
그 크신 사랑

십자가의 사랑
이 사랑이
나를 살리시네

장사되었다가 성경대로 사흘 만에
주님 다시 살아나시네
엠마오로 가는 두 제자와 함께 걸으시네
열한 제자가 음식 먹을 때에 나타나셨네
온 천하를 다니며 복음을 전파하라 하시네

말씀을 마치시고 하늘로 올리우사
하나님 우편에 앉아 계시네
영광의 보좌에 앉아 천사들과 함께
다시 오겠다고 하시고서

2005년 12월 24일 예수님 이 땅에 오심을 기뻐하며 헌작(獻作)한 것입니다. 예수님의 일생을 성경을 읽어 가며 써 본 것인데, 읽는 분들에게 하나님의 구원의 은혜가 임하시길 기도드립니다.

2018년 여름 미국 동서부 지역을 여행하며 읊조려 본 시를 소개
한다. 눈을 감으면 태고의 모습이 떠오르는 모하비 사막, 모든 나라
의 백성들이 모여 하늘을 향해 일제히 찬양의 함성을 지르는 듯한 붉
은 기암 봉우리들…. 저마다의 모습으로 아름다움을 간직하고서 창
조주의 손길을 보여 주었다. 이 놀라운 대지의 아름다움에 창조주의
위대함과 성스러움을 찬양한 여섯 편의 시를 실었다.

6부

창조주의
위대한 손길

나이야가라

—

푸른 강물
천 길 낭떠러지 아래로
춤추며 날아 내린다

펼쳐진 폭포수
하얀 융단을 만 갈래로 펼쳐 놓은 듯

거대한 절벽을 따라
천둥소리 울리며 세상을 진동케 한다

부서지는 하얀 물결에
세상의 찌든 때를 벗겨 내고 싶다

비취색 물결이 부서지고
무지개가 떴다

나이야가라!

더없이 아름답고 우렁차다

모하비 사막을
달리며

—

모하비 사막에
태양빛이 내리쬐고 있다
사막의 언덕으로 낮은 봉우리는 끝없이 펼쳐져 있고

낮은 키의 조슈아(joshua) 나무는
하늘을 향해 비를 기다리는데

사막을 가로지른 도로 위로
차들은 쏜살같이 사람과 짐을 실어 나른다

눈을 감으면 태고의 모습이 떠오른다

이 광활한 사막에 바람이 불고
고요한 가운데 "난 너를 사랑해"라는
임의 음성이 들려온다

자이언캐니언
(성스러운 캐니언)

—

주황색 흙산 위에
깎아지른 수천만 봉우리
하늘 향해 우람하게 자리 잡다

계곡을 따라 기어오른
푸른 나무는 봉우리의 목도리가 되고
옷이 되고 모자가 되어
뜨거운 햇빛을 가려 주고 있다

큰 바위로 이루어진 우람한 봉우리들
작은 산과 같다

이곳, 이 위세 앞에

무릎을 꿇어야 사람이다

이 놀라운 대지의 아름다움!
말하고자 하나 할 말이 없다

그저 창조주의 손길을 보며
위대하심과 성스러움을 찬양할 뿐

두 손을 높이 듭니다.

브라이스캐니언

–

여름 한낮에
비가 내리다가 다시 맑아진다

무덥던 더위가 잠깐 쉬고
열기에 지친 나무들 세수를 하다

선셋 포인트(Sunset point)에서
브라이스캐니언을 맞이한다

눈앞에 펼쳐진 장엄하고도 화려한
첨탑의 향연을 펼치는 대자연의 절경

깊은 계곡 아래에는

푸른 나무들이 푸르름을 더하고 있는데

주황과 연한 노란색을 띤
수천만 형형(形形) 기암봉우리가
8000피트 아래로부터 위로
솟구쳐 사방으로 펼쳐졌다

저마다의 모습으로
아름다움을 간직하고서
창조의 손길의 위대함을 보여 주고 있다

붉은 기암 봉우리들은
모든 나라의 백성들이 모여
하늘을 향해
저마다의 영광을 드러내며
일제히 우렁찬 찬양의 함성을
소리 지르는 듯!

원형의 계곡 속은
화려하고 장엄한
영광을 기리는 용광로가 되다

앤텔로프캐니언

—

평원에 물이 모여 낮은 곳으로 모여
계곡을 만들었다

물은 흘러 흙 속에 묻힌 바위 사이로 흐르고
그 사이로 파란 하늘을 보게 했다

깎아지른 바위틈으로 빛이 들어와
너는 보석이 되었다

바위는 줄무늬 흐르는 선을 만들고
모난 돌조각은 둥글고 부드러운 원숙한 몸이 되다

바위에 드러난 곡선의 향연과

황홀한 색에 취한다

사슴이라는 이름을 가진
앤텔로프!
이름처럼 너는 이쁘다

그랜드캐니언

―

인생의 영화(榮華)는
들의 꽃과 같은 것

아! 그랜드캐니언!

창조주의 위대한 손길을
볼 수 있는 창(窓) 이곳

웅장하고 광활한 바다 같은 계곡에서
그대 영혼을 울리는 음성을 들어 보라

"하나님을 경외하고 의지하라
욕심을 버리고 이웃을 사랑하라."

부록

세한도 발문 원문

─

歲寒圖(세한도)

藕船是賞(우선시상)이라

去年(거년)에 以晚學(이만학)과 大雲二書(대운이서)로 寄來(기래)
하고 今年(금년)에 又以藕畊文編(우이우경문편)으로 寄來(기래)하
니 此皆非世之常有(차개비세지상유)요 購之千萬里之遠(구지천만리
지원)하여 積有年而得之(적유년이득지)니 非一時之事也(비일시지사
야)니라

且世之滔滔(차세지도도)는 惟權利之是趨(유권리지시추)어늘 爲之
費心費力(위지비심비력)이 如此(여차)호대 而不以歸之權利(이불이귀
지권리)요 乃歸之海外焦悴枯槁之人(내귀지해외초췌고고지인)이오녀
如世之趨權利者(여세지추권리자)를 太史公(태사공)이 云(운)호대
以權利(이권리)로 合者(합자)는 權利(권리)가 盡而交疏(진이교소)라

하니 君(군)도 亦世之滔滔中一人(역세지도도중일인)이어늘 有超然
自拔於滔滔權利之外(유초연자발어도도권리지외)하여 不以權利(불이
권리)로 視我耶(시아야)아 太史公之言(태사공지언)이 非耶(비야)아

　孔子(공자) 曰(왈) 歲寒然後(세한연후)에 知松栢之後凋(지송백지후
조)라 하시니 松柏(송백)은 冊四時而不凋者(관사시이부조자)니 (冊
은 현대에서는 거의 貫을 쓴다) 歲寒以前(세한이전)에도 一松柏也(일송
백야)요 歲寒以後(세한이후)에도 一松柏也(일송백야)이어늘 聖人(성
인)이 特稱之於歲寒之後(특칭지어세한지후)하시니라

　今君之於我(금군지어아)에 由前而無加焉(유전이무가언)이요 由後
而無損焉(유후이무손언)이라 然(연)이나 由前之君(유전지군)은 無可
稱(무가칭)이어니와 由後之君(유후지군)은 亦可見稱於聖人也耶(역
가견칭어성인야야)아 聖人之特稱(성인지특칭)은 非徒爲後凋貞操勁
節而已(비도위후조정조경절이이)요 亦有所感發於歲寒之時者也(역유
소감발어세한지시자야)니라

　烏乎(오호)라 西京淳厚之世(서경순후지세)에 以汲鄭之賢(이급정지
현)으로도 賓客(빈객)이 与之盛衰(여지성쇠)하니(与는 與의 속자) 如
下邳榜門(여하비방문)은 迫切之極矣(박절지극의)라 悲夫(비부)인져
阮堂老人(완당노인)은 書(서)하노라

묵소거사자찬 원문

—

默笑居士自讚(묵소거사자찬)

當默而默(당묵이묵)은 近乎時(근호시)요 當笑而笑(당소이소)는 近乎中(근호중)이라. 周旋可否之間(주선가부지간)과 屈伸消長之際(굴신소장지제)에 動而不悖於天理(동이부패어천리)하고 靜而不拂乎人情(정이불불호인정)하니 默笑之義(묵소지의)는 大矣哉(대의재)로다 不言而喩(불언이유)하니 何傷乎默(하상호묵)이리요 得中而發(득중이발)하니 何患乎笑(하환호소)리요 勉之哉(면지재)로다 吾惟自況(오유자황)하니 而知其免夫矣(이지기면부의)로다 默笑居士自讚(묵소거사자찬)하다.